나는 향수로 글을 쓴다

에르메스의 조향사 엘레나의 향수와 삶에 관한 생각

향이 단어라면, 향수는 문학이다.

나는 향수로 글을 쓴다
Journal d'un parfumeur

에르메스의 조향사 엘레나의 향수와 삶에 관한 생각

장 끌로드 엘레나 지음 | 신주영 옮김

여운

JOURNAL D'UN PARFUMEUR
by Jean-Claude Ellena

Copyright © Sabine Wespieser éditeur, 2011
All rights reserved.

This Korean edition was published by Yeo Woon Corporation
in 2015 by arrangement with So Far So Good Agency
through KCC(Korea Copyright Center Inc.), Seoul.

이 책은 (주)한국저작권센터(KCC)를 통한
저작권자와의 독점계약으로 ㈜여운에서 출간되었습니다.
저작권법에 의해 한국 내에서 보호를 받는 저작물이므로
무단전재와 복제를 금합니다.

차례

2009년 10월 29일 목요일 ~ 2010년 10월 13일 수요일 • 6

엘레나의 향수 레시피 • 196

참고문헌 • 208

장 끌로드 엘레나와 에르메스 향수 • 210

2009년 10월 29일 목요일, 파리

즐거움

즐거움에 대해 말하는 것은 편하지 않다. 바람에 대해 말하는 편이 더 낫다. 나는 조향을 시작한 이후로 코를 '한번에 사로잡는' 법을 배웠고, 실제로 그런 향수를 만들어 왔다. 이것은 마치 독자와 청중(혹은 관중)의 시선과 관심을 사로잡기 위해 오랜 시간에 걸쳐 첫 문장, 첫 음표, 첫 이미지에 공을 들이는 것과 같고, 즐거움을 더 연장하기 위해 조금 더 욕심을 부리는 것과도 같다. 시간에 쫓기는 현대 사회에서 향수는 잠깐의 시선처럼 단박에 평가된다. 그러나 이처럼 빠른 판단을 내려야 하는 것이 나는 불편하다. 향수는 직접 뿌리고 향을 느껴 보아야만 제대로 알 수 있기 때문이다.

나는 함께 할 수 있는 즐거움이 좋다. 이를 내 식으로 말하자면, 바로 '호사스러움'이다. 이러한 생각은 곧바로 내가 만드는 향수로 구체화되어 다른 이들과 공유할 수 있는 것이 되어 버린다. 남성 향수를 만들더

장 지오노를 인용하자면,
"표현은 그것을 읽는 이가
이해함으로써 완성된다. 그럼으로써
독자는 쾌감, 만족감, 기쁨, 환희를
맛보게 되는 것이다".
흔히들 조향사를 작곡가에 비유하지만,
나는 언제나 나 자신을 향기를 쓰는 작가로
여겨왔다.

© Richard Schroeder

라도 나는 잊지 않고 여성적 코드를 살짝 넣는다. 거꾸로 대개 '여성적'이라 여겨지는 향수를 만들 때는 남성적 코드를 넣는다. 유행이라는 것은 본래 바뀌기 마련이며 또한 인위적으로 만들어지기도 한다. 그래서 나는 여성 향수, 남성 향수, 혼성 향수 혹은 유니섹스 향수와 같은 구별에 신경을 쓰지 않는다. 사람들이 향수에 성별을 부여한 것에 지나지 않기 때문이다. 인도에서는 남성들이 입생로랑Yves Saint Laurent의 〈오피움Opium〉, 게를렝Guerlain의 〈샬리마르Shalimar〉 혹은 디오르Dior의 〈쟈도르J'adore〉를 뿌린다. 나는 각자 자신에게 맞는 향수를 자유롭게 선택하고, 그 어느 것에도 얽매이지 않고 마음껏 자기만의 향수로 만들면 좋겠다.

작은 즐거움. 나는 빠르게 흘러가는 일상의 즐거움이 좋다. 이 즐거움은 하루를 밝혀 준다. 평범하지만 다시 이야기할 맛이 있어서 좋고, 위안을 주기 때문에 좋다. 만약 이런 것이 없다면 삶을 버틸 만한 것으로 만들어 주는 기쁨은 결코 느낄 수 없을 것이다.

향수를 만드는 일이 즐겁긴 하지만, 그럼에도 조금도 그렇지 않은 아침이 더러 있다. 향을 맡으면서도 아무런 기쁨도 느끼지 못할 때가 있는 것이다. 물리적으로 화학적으로 같은 온도와 같은 재료, 심지어 같은 분자 성분으로 이루어졌음에도.
그 순간 어떤 실망감 같은 것 그리고 고독이 몰려온다. 그럴 때는 차라리 그냥 가만히 있는 편이 낫다.

본래의 기쁨과 영감을 금세 되찾을 수 있으리라는 것을 잘 알기 때문이다.

2009년 10월 31일 토요일, 비행기 안에서

지오노 Giono

니스Nice로 가기 위해 공항버스를 탔다. 조향실은 카브리Cabris에 있다. 짐이라곤 가방 하나와 책 한 권이 전부다. 플레이야드Pléiade 출판사의 〈소설과 에세이〉 시리즈에는 포함되지 않은 장 지오노Jean Giono의 연대기집 『팔잼의 세 그루 나무Les Trois Arbres de Palzem』. '길을 잃은' 것 같은 느낌이 들 때면 다시 길을 찾기 위해 지오노를 읽는다. 지오노는 내 안에 살아 있고, 지표가 되어 주며, '행복한 아버지'와 같은 역할을 한다. 나는 입술 끝으로만 웅얼거리지 않고 단어를 하나씩 또렷이 발음하며 읽는다. 단어가 내는 선율과 문장의 리듬 혹은 그와 반대로 묵음을 머릿속으로 귀 기울여 들어야 하기 때문이다.

나는 지오노의 글솜씨와 독창성과 함께 그의 감성을

좋아한다. 지오노가 향기에 대해 쓴 것을 보면 감탄을 자아낸다. 문학에 대한 그의 글은 향수에 대한 나의 글쓰기와 일맥상통한다. 향기란 향수 애호가가 향수를 테스터나 자신에게 뿌린 후 그 향이 퍼져 나감에 따라 해석한 기호다. 향수 애호가는 향을 느끼고, 쫓고, 버리고, 다시 돌아온다. 향수와 향수 애호가 중 누가 누구에게 꼭 필요한 것인지 모르겠다.

나는 어떤 향을 환기시키기 위해 그것과 전혀 상관없는 이름을 향수에 붙이기도 한다. 예컨대, 불가리Bulgari의 〈오 빠르퓌메 오 떼베르Eau Parfumée au Thé Vert〉에는 차가 들어 있지 않고, 에르메스Hermès의 〈앵 쟈르뎅 쉬르 르 닐Un Jardin sur le Nil〉에는 망고가, 〈떼르 데르메스Terre d'Hermès〉에는 규석이 없다. 그럼에도 사람들은 대부분 그 향을 '느낀다'. 장 지오노를 인용하자면, "표현은 그것을 읽는 이가 이해함으로써 완성된다. 그럼으로써 독자는 쾌감, 만족감, 기쁨, 환희를 맛보게 되는 것이다". 흔히들 조향사를 작곡가에 비유하지만, 나는 언제나 나 자신을 향기를 쓰는 작가로 여겨왔다.

2009년 11월 2일 월요일, 카브리

조향실

오늘 아침, 다시 조향실에 나갔다. 1960년대 말, 자연과 건축물을 연결하려는 건축양식으로 지어진 건물이다. 밖은 안이고, 안은 밖으로 확장되어 서로 영향을 미치고 있다. 가옥은 회색 바위들과 잘츠만Salzmann 소나무가 심어져 있는 정원에 둘러싸여 있다. 자칫 준엄해 보일 수도 있지만, 실은 전혀 그렇지 않다. 소나무 사이로 새어 나온 햇볕은 평온한 빛으로 조향실을 가득 채운다. 이곳에서는 시간이 더디게 흐르고 계절은 더욱 뚜렷하다. 나는 이곳이 좋다. 조향실과 하나가 되는 느낌이다.

이곳을 방문하는 사람은 누구든 뚜껑이 꽉 닫혀 있는 수십 개의 작은 향수병, 풍력터빈 모양으로 생긴 종이 테스터의 홀더, 수백 개의 포뮬러가 담긴 낡은 서류, 필통, 잡동사니를 넣은 상자들, 액자가 책상 위에 여기저기 널려 있는 모습을 보게 될 것이다. 하지만, 몇 개월 전 손을 대다 만 초벌 포뮬러를 찾을 수

내가 조향실에서 가지고 나오게 될 향의 모습이란,
코로 맡은 것이 그대로 재현된 것이 아니라,
기억 속에 남겨진 냄새의 이미지가 될 것이다.
이러한 '냄새와의 만남'이 이루어지게 되면
나는 괜스레 들떠서 피곤함도 잊은 채
갑자기 몸이 가벼워지면서 자유를 느끼게 된다.

© Benoît Teillet

있고, 내게 없어서는 안 될 회색 연필과 닳아빠진 지우개와 클립을 담은 상자가 어디에 있는지 알고 있으며, 안경도 여기저기 헤매지 않고 찾을 수 있는 한, 내게 무질서란 없다. '무질서'는 내겐 기억과 연관되어 있다. 모든 것이 잘 정리되어 있으면 나는 오히려 잊어 버린다.

책상 — 니스 칠된 너도밤나무로 만든 이케아IKEA 테이블 — 뒤에는 쟈크 따띠Jacques Tati의 《플레이 타임Playtime》에서 여행사 직원이 사용하던 것과 비슷하게 생긴 안락의자가 하나 있다. 모든 것이 몇 발자국 안에 있다. 그곳에 앉아서 나는 지중해를 바라볼 수 있다. 내가 향수 포뮬러를 정신없이 만들고 있을 때는 아무것도 눈에 들어오지 않지만, 실은 지중해가 그곳에 있음을 안다. 향을 맡거나 글쓰기를 잠시 멈추고, 고개를 들어 바라보는 것만으로도 지중해를 충분히 감상할 수 있다.

2009년 11월 6일 금요일, 카브리

배

향수를 만들다 급기야 녹초가 되어 버렸다. 결국 작업이 중단되었다. 해외 런칭은 내년 4월로 예정되어 있다. 수백 번도 넘는 테스트와 초벌 작업의 결과물을 보면, 기본 컨셉을 표현하는 방법을 찾는 것이 얼마나 어려운 일인가를 증명해 준다. 프로젝트는 혁신적이고 요구 사항이 많다. 향수병은 기술의 결정체다. 그러다가 일반 소비자들을 만족시키지 못하면 어쩌나 하는 두려움이 밀려온다. 새로운 향수를 만들 때마다 늘 도박을 하는 기분이다.

물론 다른 프로젝트들도 동시에 추진 중이지만, 내가 하는 일들이 어쩐지 초라한데다 중요하지도 존재감도 없어 보인다. 우울해진다. 오늘 오후에는 약간의 여유를 가져야겠다. 아내에게 전화를 걸어 차로 한 시간 거리에 있는 이탈리아로 가서 파스타도 같이 먹고 벵티밀Vintimille 시장에서 장도 보면서 시간을 보내자고 제안했다. 이곳은 매주 금요일마다 문을 여는 전통시장이다. 계절 품목뿐만 아니라, 달팽이나 버섯처럼 그날 그날 들여오는 신선한 재료들과 다른 곳에서는 결코 볼 수 없는 이탈리아만의 온갖 진미들이 반드시 등장하는 곳이다. 특히 다양한 건버섯, 건토마토, 반건토마토나 잼, 특히 7년간 발효된 파마산 치즈를 사러 이곳에 온다. 이번 주에는 많은 가게들이 진홍빛의 작은 겨울 배들을 진열하고 있다. 배 냄새가 시장 전체를 진동한다. 내가 과일 진열대에 코를 박으니 주인이 깜짝 놀라, "여보세요, 보기만 하고 만지지는 마세요. Signore, guardate ma non toccate."라고 말한다. 나는 주인에게 냄새를 맡는 중이라고 대답했다. 배는 그 향이 넓게 퍼지지만 분명한 것이 특징이므로, 불현듯 이 냄새를 활용할 수 있을 것 같다는 느낌이 들었다. 날아갈 듯이 기쁜 나머지, 나는 수첩을 꺼내어 느낌과 재료의 이름과 인상에 남는 것들을 적고 향의 밑그림을 그려보았다. 수첩에 미처 기록하지 못한 세세한 것들은 아마도 기억이 채워줄 것이다. 내가 조향실에서 가지고 나오게 될 향의

모습이란, 코로 맡은 것이 그대로 재현된 것이 아니라 기억 속에 남겨진 냄새의 이미지가 될 것이다. 이렇듯 '냄새와의 만남'이 이루어지게 되면 나는 괜스레 들떠서 피곤함도 잊은 채 갑자기 몸이 가벼워지면서 자유를 느끼게 된다.

2009년 11월 7일 토요일, 카브리

《르몽드 Le Monde》지

나는 《르몽드》지를 구독하고 있다. 적어도 유권자 천여 명 정도와 우리 가족이 살고 있는 스페라세드Spéracèdes 마을의 다른 두 명의 이웃처럼 말이다. 내가 이 두 명이 《르몽드》지를 구독하고 있다는 것을 알고 있는 이유는 우체부가 벌써 두 번이나 신문을 잘못 배달해 주는 바람에 몇 마디 말을 나눠 봤기 때문이다.

뽕삐두 센터Centre Pompidou에서 화가 술라쥬Soulages의 회고전이 열리는 것과 맞물려, 그에 대한 기사가 10월

16일 금요일 《르몽드》지의 1면을 장식했다. 술라쥬는 인터뷰에서 자신의 감정을 표현하고 화폭에 의미를 부여하려고 애쓰던 1950년대 화가들을 이해할 수 없다고 말했다. "의미는 고정될 수 없습니다. 의미라는 것은 생겼다가도 사라지니까요."라고 설명했다. 그의 의구심은 또한 시간의 문제로 옮겨졌다. 수백 년 된 오래된 작품들이 탄생한 곳에서는 막상 당대의 의도에 관해 무관심하다. 그럼에도 불구하고, 그러한 작품들이 우리를 감동시키는 이유를 설명할 수 없는 것에 대해서도 '이해할 수 없는 일'이라고 말했다.

나는 시간이 아닌 의미의 차원에서 이와 비슷한 경험을 한 적이 있다. 1980년대 초, 중국 향수 공장의 생산성을 연구하려는 목적으로 나와 동업을 원하던 회사에 채용되어 중국에 간 적이 있다. '합작 투자'가 정확한 표현인데, 이 말은 나를 웃음 짓게 했다. 나로서는 매력적이고 호기심을 불러일으키는 나라, 내가 관광 가이드 수준의 지식만을 가지고 있는 나라로 모험을 떠난다는 생각이 강했기 때문이다.

그로부터 26년이 흐른 지금도, 중국은 여전히 나를

매료시킨다. 그 당시 상하이는 마치 식민지와 같은 인상을 주는 도시였다. 수백만 대의 시커먼 자전거들이 내는 날카로운 벨소리와 귀를 뚫는 매미의 시끄러운 울음소리가 섞여 귀를 멍하게 하는 소음 속에 플라타너스가 대로를 따라 줄지어 서 있었다. 오직 관리들만이 선팅을 한 검은 자동차를 타고 다녔다.

산업부가 우리에게 지정해 준 아파트는 1930년대 식 가구로 어둡게 장식되어 있고, 바닥에는 두껍고 컬러풀한 카펫이 깔려 있었다. 벽에는 서예 작품 액자들이 간소하게 걸려 있었다. 그중 한 작품이 특히 눈에 들어왔는데, 감격에 겨워 눈앞이 흐려질 지경이었다. 한자를 읽을 줄 몰라 의미는 알 수가 없었지만, 굵으면서도 섬세하고 지속적으로 연결되는 검은 서체 그리고 거기에서 비롯된 규칙적인 변화가 나를 사로잡았다. 나는 아직도 그때의 경험을 생생히 기억하고 있다. 시간이 흐름에 따라, 나는 수작업에 대한 직관과 숙련된 몸동작 – 여기에서 몸동작은 육체와 생각의 연장이다. – 으로부터 감동이 오는 것이라고 감히 믿게 되었다.

사실 내가 의미로부터 진정으로 해방된 적은 한 번도

없는 것 같다. 어쩌면 의미에서 완전히 벗어나는 '추상성'을 원하지 않기 때문일 수도 있다. 그럼에도 나는 추상화를 좋아하며 결코 현실을 추구하지 않는다. 나는 현실보다는 상상, 꿈, 환상과 같이 – 결코 속임수가 아닌 – 창의적인 것을 선호한다.

조용하고 고즈넉한 생활을 하면서 몇 년 전부터 향기 노트를 작성해 오고 있다. 내 취향대로 후각적 환상을 만들어 보기 위해 두 개 내지 다섯 개의 성분을 나열한 향수 레시피다. 우리 주변과 일상의 향기들을 이런 식의 가장 간략한 후각 표현으로 압축하였다. 자연은 복잡하다. 장미향에는 500개의 분자가 있는데, 초콜릿 향은 그보다 더 많고 마늘은 더 적다.
나는 자연의 단순한 재현을 넘어, 복잡한 향이 그 안에 담고 있는 의미들을 향수에 담기 위해 '냄새의 의미론'에 관한 작업을 시작했다. 그리고는 그것을 토대로 '냄새의 언어'를 만들 수 있었다. 그러나 나는 이 작업이 인정을 받고 받아들여질지는 잘 모르겠다.

후각적 환상을 불러일으키는 레시피를 잠시 소개하

면 다음과 같다.

라일락

페닐에틸알코올 / 헬리오트로핀 / 인돌 / 정향 에센스

페닐에틸알코올과 헬리오트로핀만으로도 초여름에 맡게 되는 흰 라일락의 냄새를 낼 수 있다. 활짝 핀 꽃 냄새를 내려면 인돌이, 보랏빛의 라일락 냄새에는 정향이 필요하다.

아니면 좀 더 단순하게 달콤한 오렌지 에센스로 시작해 보자.

쓴 오렌지

오렌지(달콤한 에센스) / 인돌

붉은 과육의 오렌지

오렌지(달콤한 에센스) / 에틸말톨

2009년 11월 9일 월요일, 카브리

들어가는 말

현재 포도밭과 와인 그리고 손에 관한 책의 서문을 부탁 받은 상황이다. 지금까지 잘 알지 못했던 주제에 대해 관심을 갖게 하고, 때로는 내 직업과도 연관 지어 볼 수 있게 하는 이런 종류의 일거리가 좋다. 보르도Bordeaux 지방에 잠깐 들렀을 때, 어느 사진 작가와 인연을 맺은 기억을 떠올리며 이 요청을 수락했다. 나는 장인이자 예술가이기에 '손'에 관한 주제에 민감하다. 사람들이 내게 보내는 신뢰와 존경을 저버리면 안된다는 걱정 때문이다. 하지만 벌써 3주째 컴퓨터 모니터 앞에서 제자리를 맴돌고만 있다. 책과 일맥상통하는 접근 방법과 관점을 찾고 있는 중이다. 책상머리에 앉아 의자를 빙빙 돌리다가 내가 특히 좋아하는 프랑수와 줄리앙François Jullien이 쓴 『효율에 관한 강연』이 눈에 들어왔다. 벽난로 가에 놓여있던 책의 55페이지를 무심코 펼쳤다. 그는 '행동'과 '변형'에 대해 말하고 있었다. 서양인들이 행동을 우선시하는 반면에 동양인들은 변형을 중시한다는 것이다. 몇 줄을 읽어 보았다. 드디어 나의 관점을 찾았다! '변형의 예술', 바로 이것이다. 작품을 탄생시키는 것은 결국 '변화를 몰고 오는 손'이다.

2009년 11월 10일 화요일, 파리

잔향

파리 예술가 협회 Amis de l'École de Paris 로부터 제48회 '창조'에 관한 세미나에 초청되었다. 예술가이자 장인으로서 내가 경험한 것들에 관해 강연하기로 한 것이다. 파리의 국립광업고등전문학교 Ecole Nationale Supérieure des Mines de Paris에서 정확히 오전 8시 45분으로 잡혀 있었다. 강연장의 광경은 놀라웠다. 스물다섯 명의 참석자들에게서 약간의 위압감이 느껴졌기 때문이다. 학위라고는 수료증이 전부인 내가 그랑제꼴 Grandes Écoles 졸업생들 앞에서 연설을 하게 되는 것이다. 강연을 통해 향수에 관해 내가 쓴 문고판 「끄 세쥬? Que sais-je?」의 요점을 다루게 될 것이다. 에르메스 Hermès 향수 중 하나인 〈앵 쟈르뎅 아프레 라무쏭 Un

Jardin après la Mousson〉을 만든 나의 경험을 그린 단편영화가 상영되었다. 영화가 끝나자 질문이 끝도 없이 이어졌다. 내가 하는 일에 대해 그렇듯 질문을 해 주는 것이 고맙게 느껴졌다. 질문에 대답하기 위해 내 생각을 정리하게 되고, 또한 그럼으로써 생각이 진일보하기 때문이다. 이후로도 계속 뇌리에서 맴도는 지적을 해 준 학생이 있었다. "조향을 하는데 있어 선생님의 생각을 체계화하는 방법과 형태와 시간에 관한 말씀은 해 주셨는데요, 잔향에 대해서는 아무런 말씀이 없으셨던 것 같습니다."

실제로 나는 잔향에 대해서는 설명할 수 없었다. 시간도 얼마 남지 않았을 뿐더러, 솔직히 말해 그 질문에 대한 명확한 답이 머릿속에 떠오르지 않았기 때문이다. 이 책을 통해 대답할 기회를 비로소 갖게 되었다.

향의 변화는 향수의 형태와 지속성에 따라 결정된다. 바로크 향수는 복잡성, 강렬함, 품위를 중시한다. 바로크 향수의 복잡성은 진화하며 연속적으로 이어진다. 이러한 향수는 정교하고 짜임새 있으며, '가득 차 있다'는 의미에서 풍부하고, 때로는 숨이 막힐 듯한 느낌을 준다. 반면에 꼴로뉴cologne는 간결함, 생기, 가벼움을 중시한다. 그렇다고 꼴로뉴가 항상 단순한 것은 아니다. 꼴로뉴를 구성하는 여러 향들이 빠르게 바뀌면서 서로 이어지는 느낌을 주기 때문에, 마치 향이 피부에 머물지 않는 것 같은 느낌을 줄 수 있다. 대개 이런 향수는 깜짝 놀라게 할 만한 향을 은밀히 숨기고 있으므로 주의를 기울이는 노력도 필요하다.

2009년 11월 25일 수요일, 카브리

방문

나는 개인적으로 누군가와 무언가를 주거니 받거니 하거나 함께 나누는 것을 좋아한다. 반면에 조향사로서는 사람들에게 향을 보여주고 설명하는 것이 좋다. 문제는 내가 나서야 한다는 것이다. 나서는 사람이 나일 때도 있지만 꼭 그렇지 않을 때도 있다. 상대를 기쁘게 하고 마음을 사로잡고 싶은 마음이 앞서다 보면, 가끔은 상대의 요구 사항을 들어주기 위해 진행 중인 작업을 수정하게 되는 경우도 있다. 그렇게 하면 당장은 만족스럽긴 하지만, 다음 날이 되면 곧바로 '내가 왜 그랬을까'하는 의문이 들게 된다. 일상생활에서는 사람들과 교류하는 것을 좋아하지만, 작업할 때만큼은 나는 혼자 있는 편이 낫다.

나는 향을 만들면서 비교를 하지 않는다. 새로운 향을 만들 때 그 이전에 했던 작업과 비교평가를 하지 않는다는 뜻이다. 다만, 결과물로서의 향수가 본래 머릿속에 가지고 있던 내 생각과 일치하는지는 의식적으로 확인한다. 화가 윌리엄 터너William Turner는 작품 한 점을 건지기 위해 같은 주제를 가지고 동시에 수십 여점의 수채화를 외워서 그린 다음, 나머지 그림은 모두 버렸다고 한다. 내 접근법도 그와 비슷하다. 대상을 자유자재로 부릴 줄 아는 장인이 그러하듯, 이렇게 저렇게 이미 널리 알려진 것들과 같아지기 위해 포퓰러 성분의 일부를 바꾸기보다는 아직 '존재하지 않는 것'을 찾아내는 것이 내게는 무엇보다도 중요하다. 그래서 어느 정도 시간이 흐른 후에는 그때까

© Richard Schroeder

지 만들었던 초벌을 모두 맡아 본 다음, 향 고유의 표현을 가지고 있으면서 그 이전의 향수에서는 나지 않는 독특한 향 두세 개만 남기고 나머지 결과물들은 모두 버린다. 나는 이러한 과정을 통해 새로운 지평을 연다. 결국엔 무언가를 찾고, 때로는 발견하는 '예술가의 길'을 추구하고 있는 것이다.

2009년 12월 1일 화요일, 메시나

향료의 품질

감귤류 에센스를 전문적으로 생산하는 시몬 가또Simone Gatto라는 회사의 소유주인 산드로 R.씨의 가족과 약속이 잡혀 있었다. 시칠리아산 레몬과 밀감 에센스는 칼라브리아 지방의 베르가못 에센스만큼이나 매혹적이다.

산드로 R.씨와 향료의 품질에 대한 이야기를 나눴다. 산드로는 새로운 방법으로 얻은 베르가못 원액을 소개하기 위해, 1950년대 랑뱅Lanvin에서 조향사로 일하던 앙드레 프레스André Fraysse를 만난 적이 있는데, 샘플 향을 맡아 본 프레스는 자신이 평소에 쓰던 향과 너무 다르다면서 거절했다고 한다. 당황한 산드로는 즉시 조사에 착수했다. 랑뱅에 납품되고 있던 베르가못 에센스가 실은 얇은 천에다 모아서 끈으로 매달아 놓은 레몬과 오렌지 등의 껍질 부스러기들에서 얻어진 것으로, 중력 때문에 아래로 흐르는 농축액을 유약 칠을 한 테라코타 단지에 받는다는 사실을 알게 되었다. 껍질 부스러기는 밤사이에 발효되어 '독특한' 향을 내는데, 이것이 조향사에게는 고급 에센스가 되는 것이다. 반면에 새로 고안한 방법에는 이러한 발효 및 산화 과정이 없었던 것이다. 우리는 앙드레 프레스의 기준과 습관을 바꾸는 것이 얼마나 힘들었는지에 대해 이야기하며 함께 웃었다.

향수를 만드는데 있어서 재료의 '질'이 갖는 중요성은 절대적이다. 이것은 일종의 '약속'이자, 향수를 이루는 구성 요소이므로 매우 꼼꼼히 따져 봐야 한다. 하지만 어떠한 경우에도 향료의 품질이 독창성을 압도해서는 안된다. 가장 훌륭한 재료가 가장 훌륭한 향수를 만드는 것은 아니다.

10월의 베르가못 에센스는 11월, 12월, 1월 혹은 2월에 만들어진 것과 다르다. 일 년 중 5개월 동안 생산되는 에센스는 생기 있고 시원한 느낌으로 시작하여 향기롭고 맛있는 느낌으로 이어진다. 10월의 에센스는 리날롤을 최대치로 함유하고 있어 꽃향기를 내고, 2월의 에센스는 리날롤이 아주 적게 들어간 대신에 초산 리날롤이 많아 시원한 내음을 준다. 그럼에도 10월의 에센스는 아주 미량의 cis-3 헥산올 때문에 시원한 향으로 알려져 있다. 2월의 에센스에서는 cis-3 헥산올과 리날롤 분자들이 초산 리날롤에 자리를 양보한다. 자연은 우리의 후각을 마음대로 가지고 논다. 오직 성분으로 쓰일 때에만 비로소 2월 에센스의 시원한 향이 10월 에센스의 꽃향기와 대조를 이루기 때문이다.

2009년 12월 2일 수요일, 메시나

표준화

나는 메칠이오논, 히드록시시트로넬랄, 백합 증류 부산물과 같이 냄새를 그대로 복제하기 어려운 향료들, 오늘날 가히 소수의 조향사들만이 사용할 만한 재료들을 1980년대까지 썼다. 딱히 어떤 수준의 것이라고 정의할 수 없기에 향수를 예측 불가능하게 만드는 잡다한 성분들로 이루어진 천연 머스크의 복제품들을 사용하기도 했다.

이후의 제품들은 규격화되고 표준화되었으며, 이를 통해 자질구레한 수작업은 재분류되었다. 그런데 이상하게도 언뜻 보기에 합리적인 표준화 과정에서조차 일정 정도 '낭비'가 발생했다. 유독성이 없는 부산물인데도 공산품으로 규격화될 수 없는 이유 때문에 오늘날 쓸 수 없게 되어 버린 것이다.

2009년 12월 4일 금요일, 메시나

천연 향

우리는 메시나 해협을 가로질러 칼라브리아주의 빌라 산지오바니Villa San Giovanni로 가는 페리를 타기 위해 아침 일찍 출발했다. 콘도푸리Condofuri 마을에서 베르가못 천연 에센스를 생산하는 한 농경업자를 만나기로 되어 있기 때문이다. M.P. 씨는 그가 사는 집이자 제조소인 건물의 안뜰에서 우리를 맞이했다. 뜰의 왼편에는 아이들과 손자들, 부부가 지내는 3층짜리 집이 있고, 오른편에는 마찬가지로 3층짜리 제조소가 있었다. 벨프레도 R.씨는 공장 내

부가 아닌 외부의 사진만 찍는 에티켓을 요청했다. 작은 키에 햇볕에 그을린 피부에는 갈색 점들이 여기저기 보이고, 고집스런 얼굴에다 숱이 많고 희끗희끗한 머리카락과 까만 눈, 날카롭고 곧은 시선을 한 남자였다. 어두운 색깔의 낡은 바지에다 멜턴으로 안을 댄 감청색의 웃옷을 입고 있었다.

M.P. 씨는 그의 모국어로 우리를 맞이했는데, 나는 세 마디 중 한 마디만 겨우 알아들을 수 있었다. 그는 땅을 일구는 농부의 억센 손을 우리에게 내밀었다. 그런 다음 우리를 남겨두고, 함께 온 가이드에게 말을 건넸다. 몇 미터 떨어진 곳에서 길고 지루한 이야기가 이어졌다. 약 15분 정도 이야기를 나눈 우리는 기계들을 둘러보고 나서, 생산되고 있는 에센스 향을 맡아 보기로 했다. 엄청난 기계 소리를 덮어버리는 어마어마한 냄새가 나를 가득 채웠다. 직업의 성격 상, 나는 향을 제대로 느끼고 이해하고 그 '뒤'에 있는 것을 파악하기 위해 냄새와 거리를 두지만, 이곳에서 맡는 향기는 나를 뚫고 스며들어 와 피할 수가 없었다. 그저 향기가 나를 포위하고 부드럽게

감싸 안도록 내버려둘 뿐이었다. 마치 후각의 모노크롬을 상대하고 있는 느낌이었다. 그야말로 논리적인 생각은 사라지고 천연 향이 주는 즐거움만을 느끼는 진정한 '형이하학적' 경험이 아닐 수 없었다.

오후에는 지아르디니 디 베르가모띠giardini di bergamotti, 즉 베르가못 과수원들을 둘러보았다. 이탈리아 남부에서는 감귤류 경작지를 '지아르디니giardini'라고 부른다. 이것은 내가 색다른 경험을 할 수 있는 기회가 되었다. 오렌지 꽃향기가 아니라, 과일 겉껍질의 냄새와 같은 12월의 베르가못 나무들이 발산하는 향기를 느낄 수 있었던 것이다.

대화를 나누는 동안, 나는 페미넬로Femminello, 판타스티코Fantastico, 카스타그나로Castagnaro와 같이 다양한 종류의 베르가못의 이름을 알게 되었다. 이름을 이해하려면 그 과일의 모양을 보면 된다. 못생긴 과일은 '메라비글리아meraviglia', 즉 '경이로움'으로 불린다. 자연의 '실수'로 만들어진 것에 우리가 마법 같은 효력을 불어넣어 가족의 밥상이나 뷔페에서 '왕좌'를 차지하게 될 것이니, 그러고 보면 '메라비글리아'는 아주 멋진 이름이다.

2009년 12월 7일 월요일, 카브리

배로 만든 초벌 향수

조향실과 내 소중한 향수병들에게로 다시 돌아왔다. 조향실을 떠나기 전, 나는 배를 주제로 한 초벌 포뮬러들을 그대로 두고 갔다. 부드럽게 사로잡는 그린은 아주 매혹적이다. 풍성하면서도 단조롭지 않도록 흰 꽃의 플로랄 향을 배에 첨가했다. 이렇게 하여 파출리와 나무 그리고 랍다넘 고무의 향을 조합하여 시프레 향을 만듦으로써, 시간이 흐를수록 마치 작은 음악이 연주되는 것 같은 느낌이 들도록 했다. 배의 향을 묘사하기 위해 이러한 단어들을 쓰면서 표현할 수 있는 사람은 나밖에 없을 것 같았다. 이 일기장에서 나는 조향사라면 누구나 쉽게 간파해 낼 만한 정보들을 흘릴 수도 있을 것이다. 그렇게 내 머릿속에 있는 초벌의 조향 성분을 다 공개한들, 내가

© César-Luc Adamo

나는 조향사가 자신의 일을
하나의 '예술'로 간주하려는 욕망이야말로
작품을 만드는 원동력이 된다고 믿고 싶다.
왜냐하면 조향사는 자신의 프로젝트에
애정을 쏟아 붓는 첫 번째 소비자이기
때문이다.

추구하는 것이 진정 무엇인가는 이 글을 읽고 있는 독자들도 알 수 없을 것이다. 생각이 끊임없이 진화하기 때문이다. 과거의 경험들에서 고칠 수 있는 부분은 무엇인지, 미래가 어떤 모습으로 나를 기다리고 있을지는 나조차 알 수 없다.

향의 문외한이 재료의 목록만 가지고 향수를 찾아내는 것은 마치 우리가 음식의 맛을 상상하지 못한 채 요리책에 쓰인 재료의 목록만 맹목적으로 읽는 것과 같다. 언뜻 보기에는 시각적인 은유를 사용하는 것이 더 타당해 보인다. 이미지는 우리에게 더 많은 울림을 주고, 우리의 감각에 보다 잘 호소하는 것 같다. 광고는 바로 이런 점을 잘 활용했다. 그러나 광고를 보여준다고 결코 향이 느껴지는 것은 아니다. 광고는 오히려 향수를 맡아 보고 싶은 '욕망'을 일깨운다. 이런 것들은 훈련의 힘이지만 동시에 한계이기도 하다.

2009년 12월 18일 금요일, 파리

피그말리온 Pygmalion 신화

초창기에 유행에 대한 통찰력을 가지고 있다는 이유로 어느 대형 향수 회사로부터 강연을 요청받은 적이 있다. 나는 시장을 분석하고자 애쓰지는 않지만, 길이나 전철에서 사람들이 어떤 향수를 뿌리고 다니는가를 살펴보고 정보를 얻고 있기 때문에 시장의 동향에 대한 관심은 갖고 있다. 유행에 대한 내 강연은 향수의 분류에 대한 설명을 중심으로 진행되었다. 프로젝터에 향수 이미지들이 나오는 동안 사람들은 향수를 적신 테스터를 줄줄이 코에 대고 맡아보고 있었다. 그 순간 나는 큰 충격에 빠졌고, 슬프고, 화가 났다. 너무 많은 향수들이 비슷비슷한데다 그저 시중에 판매되고 있는 다양한 향수 모델을 보여준 것에 불과했기 때문이다.

향수를 선택하는 것은 마케팅 디렉터의 손에 달려있다. 그들은 소비자들에게 시장에 이미 나와 있는 향수 한두 개와 자신들이 선택한 향수를 테스트하게 한다. 시장에 이미 나와 있는 향수들은 벤치마크, 즉 선호도를 비교 분석할 수 있도록 도와주는 기준이 된다. 이러한 방식은 향수의 선택권이 회사 대표로부터 '시장의 수요'를 분석하는 마케팅 팀으로 넘어가던 1970년대에 나타난 현상이다. 오늘날에는 상품 매니저나 프로젝트 매니저가 조향사의 작품 방향을 결정할 뿐만 아니라, 자신들의 아이디어를 실현시킬 상품들을 선택하고 있다. 그들은 젊은 조향사들을 가까이 두고 함께 일하면서 피그말리온을 자처한다. 스스로를 '선견지명이 있다'고 믿지만, 반면에 아이러니하게도 시장에 의존적이기에 매일 같이 시장의 동향에 관한 보고서를 요구한다. 그리고는 그것을 기준으로 조향사들을 평가함으로써 충분히 생각할 시간을 주지 않는 등, 젊은 조향사들의 지식을 고갈시키고 있다.

나는 조향사가 자신의 일을 하나의 '예술'로 간주하려는 욕망이야말로 작품을 만드는 원동력이 된다고 믿고 싶다. 왜냐하면 조향사는 자신의 프로젝트에 애정을 쏟아 붓는 첫 번째 소비자이기 때문이다. 다른 조향사들과 협업하는 경우, 만약 조향사 자신의 자유의지로 선택한 것이 아니라면, 프로젝트에 엄청난 손해를 입힐 수 있다. 설령 협업이 이익이 되고 모든 과정이 생산적일지라도, 아이디어를 축적하는 것은 어렵다. 어떤 프로젝트에서 작품에 쏟는 정서적 부담을 덜어주겠다며, 프로젝트에 대해 조향사가 품은 애정을 분산투자시키는 것은 그의 정교한 노하우를 존중하지 않는 것이다. 이런 식으로 생각하고 행동하는 것은 단지 실망만 불러올 뿐이며, 추후 그것을 극복하는 일은 더욱 어려울 것이다.

2010년 1월 5일 화요일, 카브리

민트 향

에르메스의 테마였던 〈레샤뻬 벨L'échappée belle〉의 런칭 쇼가 2009년 4월, 세계에서 가장 큰 농축산물 도매시장인 렁지스Rungis 마켓에서 열렸다. 이른 새벽, 방문객들은 전시장 입구에서 자기가 원하는 과일과 채소를 바구니에 담았다. 그 당시 나는 상쾌한 민트 부케를 바구니에 담았던 것으로 기억한다. 민트 향은 기분을 좋게 해주고 편안함을 주는 효과가 있기 때문이다. 몰레스킨Moleskine 수첩에 적어 놓았다시피 이 '향기와의 만남'에 대해서 나는 아주 세세한 이미지로 기억하고 있는데, 바로 오늘 이것을 작업하기로 결심했다.

주제가 확실하더라도 그것을 어떻게 해석하느냐에 따라 모든 것이 달라진다. 가령, 민트 원액은 그린 민트, 후추향 민트, 박하향 민트, 가든 민트, 베르가못 향 민트를 비롯해 그 향의 가짓수가 워낙 많아, 향료 전문가들은 사탕, 치약, 추잉검 등을 만드는 데에, 때로는 청소 세제에 사용하기도 한다. 이런 식으로 활용하게 되면 민트 향에 대한 감동을 반감시킨다. 레몬 향도 마찬가지다. 미국에서 조이Joy라는 식기 세척제에 처음으로 사용된 1969년 이래로, 레몬 향은 청소 세제의 전형적인 냄새가 되었다. 그래서 레몬은 오드 뚜왈레뜨eau de toilette에는 더 이상 사용되지 않는다. 그러니 시냇물이나 샘물을 연상시키는 이 향을 향수로 탈바꿈시키기 위해서는 새로운 연출이 필요하다.

자끄 파스Jacques Fath의 고전 작품인 〈그린 워터Green Water〉나 최근에 미국의 힐리Heeley에서 나온 〈프레쉬 민트Fresh Mint〉와 같이 현존하거나 혹은 과거에 존재했던 민트를 주제로 한 오드 뚜왈레뜨들이 있다. 그러나 그 어떠한 향수도 지금 내 머릿속의 아이디어와 일치하지는 않는다. 테스트는 우선 아이리스와 그린 민트를 적절히 조화시킨 향으로 시작했다. 그 향의 대비는 매우 훌륭하고 매력적이지만, 장점이라곤 단지 그것뿐이다. 다섯 번째 테스트에서 멈추고 다시 차와 그린 민트의 조합으로 시작했다. 조화를 이루기는 하지만 이브닝 허브티 향이 너무 강했다. 여덟, 아홉, 열, 열한 번째 테스트인 민트차 테마는 더 이상의 진전이 없었다.

2010년 1월 14일 목요일, 파리

고전

늦은 오후, 포켓판 『메그레Maigret 경감』을 사기 위해 대형 서점인 프낙FNAC에 들렀다. 기분 좋은 저녁이 될 것 같다. 이 기회에 2개 국어로 쓰인 콜로디Collodi의 『피노키오의 모험』도 구입했다. 이탈리아어도 한번 테스트해 보고 싶은 마음에 이런 선택을 했다. 나는 책을 사면 책장을 넘기다가 아무 문장에서나 멈추는 습관이 있다. 이탈로 칼비노Italo Calvino의 말대로라면, 콜로디의 『피노키오의 모험』은 고전이다. 그는 "고전이란 그것이 말해야 하는 것을 끊임없이 말하는 책이다." 라고 말했다.

이러한 정의를 나는 오래전부터 내 것으로 만들어 왔다. 내가 살면서 겪은 사건들을 일어난 시간 순으로 기억하고 있지는 않기에 정확히 언제라고는 말할 수 없다. 그러나 칼비노의 정의는 내가 젊은 조향사로서 예전보다는 얼마간이라도 더 많은 돈을 벌기 시작했을 무렵에 있었던 어떤 일을 연상시킨다.

그 당시 나는 베씨라는 이름을 가진 젊은 미국 화가

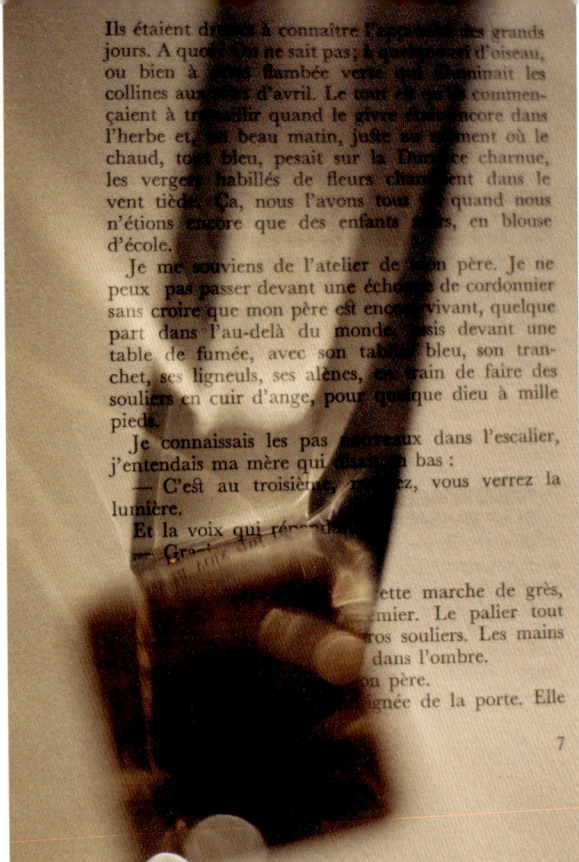

© Benoît Teillet

가 그린 수채화 한 점을 받았다. 그녀의 남편은 우리 가족과 잘 알고 지내고 있었다. 그녀의 수채화는 일본풍으로 그려진 꽃 그림이었는데, 내게는 밝고 세련되어 보였다. 나는 흡족한 마음으로 그림을 액자에 넣고서 가능한 자주 그림에 도취하기 위해 복도에 걸어 놓았다. 보름이 지나자 수채화의 내용은 완전히 사라져 버렸다. 그림은 더 이상 내게 아무런 의미도 없는 빈 껍데기가 되어 버렸다. 한순간 환상에서 깨어나 자존심에 상처를 받은 나는 그것을 더 이상 쳐다보지도 않고, 그러다 결국엔 그림을 떼어내 버리고 뇌리에서 지워버렸다. 내가 그토록 매료되고서도 어떻게 그토록 빨리 잊을 수가 있었을까? 내가 만든 향수가 단 한번 사용되고 난 후 잊히지 않기 위해 어떻게 해야 할까? 그때 이미 향수의 포뮬러를 설계할 필요가 내게 절실했으므로, 에드몽 루드니츠카Edmond Roudnitska가 쓴 『미학의 문제』를 읽고 또 읽었던 기억이 난다.

2010년 1월 17일 일요일, 파리

현기증 나는 목록

루브르 박물관은 움베르토 에코Umberto Eco가 주도하는 《현기증 나는 목록》이라는 주제를 가지고, 박물관 규모에 비해 조촐한 전시회를 하나 연 적이 있다. 전시회는 모짜르트의 오페라에서 주인 돈

주앙^{Don Juan}의 화려한 애정 행각을 노래한 하인 레포렐로^{Leporello}에게서 힌트를 얻어 아라비아 숫자 '1003'을 의미하는 《밀레 에 트레^{Mille e tre}》라는 제목을 달았다. 컴퓨터는 리스트의 전문가다. 손가락 끝으로 온 세상의 지식에 다다를 수 있다는 것은 현기증을 일으킨다. 그런데 이상하게도 목록은 우리를 안심시키기도 한다. 무엇보다 재료와 조리 행위의 목록이라 할 수 있는 요리 레시피를 유심히 따라가다 보면 알 수 있다. 하지만 우리가 목록에 너무 의존하게 되면 환상과 상상력은 설 곳을 잃게 된다.

사용할 만한 재료, 가격, 금기 사항, 추천 목록 등, 조향사에게 목록은 일상적인 것이다. 향수의 포뮬러 역시 일정한 순서에 따라 계량해야 하는 재료의 목록에 들어간다. 그럼에도 요리 레시피와 다른 점은 향수는 일단 한번 만들어지면, 그 어떠한 경우에라도 바꿀 수 없다는 것이다. 향수에게 생일은 있어도 사망일은 없다. '사라졌다'라는 표현은 종종 눈에 띄어도 '고갈됐다'라는 표현은 단 한 번도 구경한 적이 없기 때문이다. 아무튼 그렇게 작성된 목록에는 백년

전 누군가를 위해 만들어졌던 향수의 이름도 올라 있었다. 한 명의 조향사가 만드는 수많은 향수들 중 단지 서너 개만이 역사에 길이 남는다는 사실로부터 우리는 겸손함을 배워야 한다.

느림

한 여자와 그녀의 친구가 제인 캠피온Jane Campion의 영화 《브라이트 스타Bright Star》를 보기 위해 줄을 서서 기다리고 있었다. 그 여자는 대개 여자들뿐인 무리 속에서 나를 보더니, "남자가 볼 만한 영화는 아니에요."라고 말했다.

나는 대답했다.

- 여성 영화, 남성 영화가 따로 있다고 생각하세요?
- 느린 영화에요. 남자들은 보통 액션이 있고 현실적인 영화를 좋아하죠. 느린 영화는 참지 못해요.
- 다른 남자들도 겪어 보시는 게 좋겠네요.
- 그렇다면 아름다운 것들에 관해 천천히 조용히 말하는 것은 어떻게 생각하세요?
- 저는 ….

그때, 기다리던 줄이 다시 움직이기 시작했다. 이 짧은 대화는 나를 미소 짓게 했다.

2010년 1월 18일 월요일, 파리

샤잠 Shazam

샤잠은 아이폰이 개발한 유명한 음악 어플리케이션이다. 이 앱은 어떤 노래나 음악의 제목을 거의 즉석에서 알려주는 것으로, 정말 놀라운 일이지만 기술적 한계도 가지고 있다.

오늘 저녁, 라디오에서 브람스의 음악을 들으면서 연주되고 있던 곡의 제목을 몰라 이 앱을 사용해 보았다. 소용없었다. 디스크 음악 파일이 아니라 연주회 실황 녹화였으므로, 내가 찾아본들 샤잠은 답을 줄 수가 없었다. 특징도 없고 인식할 수 있는 것이 없다. 샤잠에게 '근사치'란 없다. 근사치로 해석하는 것은 우리 모두가 매일 같이 하는 일이다. 내가 파리의 시가지를 걸어 다닌다고 해서 모든 길을 다 아는 것은 아니다. 그러나 상점이나 기념비 그리고 어떤 건물의 특징 등을 통한 시각적 모습이나 빵집과 식료품점의 냄새와 같은 후각적인 특징을 통해 나의 위치를 미루어 짐작할 수 있다. 내가 길에서 맡는 향수도 마찬가지다. 멀리서 오는 잔향이 익숙하게 느껴지면 나는 그것이 무엇인가를 포착해 낸다. 그러다 내가 다가갈수록 향은 점점 더 구체화된다. 종국에는 그 향이 무엇인지 파악하고 종종 이름을 알아내기도 한다. 어떤 향수가 '그럴듯하게' 만든 것인지 혹은 모사품인지 종종 착각하는 경우도 있지만 말이다.

코를 (다시) 얻다

니콜라스 고골Nicolas Gogol의 소설 『코』를 읽고 있다. 이 엉뚱하고 괴상한 이야기에서 코발리오프Kovaliov 장교는 어느 4월 7일, 그의 코를 '되찾는다'. 이 날은 우연히 내 생일과도 일치한다.

2010년 1월 23일 토요일, 파리

패션쇼

내가 패션쇼 초대에 응하는 경우는 극히 드물지만, 나와 친분이 있는 베로니끄 니샤니안 Véronique Nichanian의 쇼는 특별히 좋아한다. 그녀는 자신이 만든 옷을 사람들에게 입히기를 좋아한다. 그녀의 일에는 엄격함과 편안함이 공존한다. 그녀는 소재를 다루는 일을 매우 즐기며, 대단히 정교하고 능숙하게 색을 다룰 줄 안다. 그녀는 모든 색조의 회색을 좋아하는데, 회색이야말로 내게는 가장 세련되면서도 가장 작업하기 어려운 색이다. 그녀는 종종 대조의 원리를 이용하여 가디건과 셔츠나 카드뮴 옐로우색 스웨터, 프러시안 블루나 개양귀비 레드에 회색을 조합하는 대담함을 보이기도 한다.

참석자들 가운데 〈부아야쥬 데르메스 Voyage d'Hermès〉 런칭 행사에 참석했던 대부분의 기자들을 다시 만났다. 그들은 내 향수에 대해 극찬을 건네며 내 표현 의도를 정확한 어휘로 묘사했다. 그런 말을 듣는 것이 매우 기쁘면서도, 다른 한편으로는 그렇게 말해 주는 것이 놀라웠다. 비록 내가 칭찬에 민감한 건 사실이지만, 결국에는 대중에게 선택권이 있다는 것을 잘 알고 있다. 매해 런칭되는 100여 개의 신제품 향수들 중에서 어떤 향수가 성공할 가능성이 있는지를 알기 위해서는 첫 판매가 개시된 후, 재구입이 이루어지기까지 적어도 6개월은 기다려야 한다.

〈떼르 데르메스〉는 프랑스에서 판매된 네 번째 남성 향수로서, 에르메스와 같은 대형 화장품 회사 차원의 프로모션이 없었음에도 성공을 거둔 작품이다. 내가 쓴 플로럴 조향 중 가장 훌륭하다고 생각했던 〈앵 쟈르뎅 아프레 라무쏭〉이 어째서 실패했는지 알 수 없듯이, 〈떼르 데르메스〉의 성공에 대해서도 설명할 길이 없다. 성공에 대한 경제학적 결과는 설명할 수 없는 그저 확인된 사실일 뿐이다. 성공이나 실패에 대한 명료한 답을 추구하는 것은 헛된 바람이다.

2010년 2월 2일 화요일, 파리

'뫼비우스 Moebius'

〈부 아야쥬 데르메스〉 런칭 무렵, 우리는 장 지로Jean Giraud, 일명 '뫼비우스' 씨에게 갓 출시된 이 향수에 관해 언론에 내보낼 일러스트를 그려 달라고 부탁했다. 여행을 주제로 한 아이디어는 좋았다. 비록 그와 나는 표현의 영역이 서로 다르긴 하지만, 둘 다 만남을 중요하게 여기는 사람들이다. 우리는 포부르 쌩또노레가에 있는 에르메스 사무실에서 만났다. 그는 말을 쉽게 하고 유머가 넘치는 사람이었다. '분명한 선'이라는 공통된 화제 덕분에 우리는 순식간에 통했다. 그는 만화가로 데뷔했던 초창기 시절에는 세밀한 그림들만 잔뜩 그렸지만, 나이가 들수록 완벽하고 정제된 그림을 만들어 주는 분명한 선과 밝은 색 그리고 명확하고 솔직한 시나리오를 만드는 방향으로 가고 있다고 했다.

그에게 내가 만든 향수를 맡게 하면서, 나 역시 비슷한 방향에서 접근하고 있다고 말했다. 향수를 맡더니 크게 공감하면서 그는 이렇게 말했다. "향이 아주 좋군요! 제가 예의상 칭찬을 하게 되면 어쩌나 걱정했는데, 정말로 제 마음에 들어서 다행입니다. 저는 겉치레로 말하는 것을 좋아하지 않거든요."

2010년 2월 3일 수요일, 카브리

향수의 이름

프로젝트 매니저가 내게 전화를 걸어, 올가을 부띠끄에 소개될 아이리스를 주제로 한 신작을 위한 이름을 지어 달라고 했다. 주로 조향사들이 이름을 짓기 때문에 테마가 진부해 보일 수 있다는 것은 나도 안다. 그래서 그와 같은 위험부담을 덜기 위해 장미, 오렌지 꽃 향과 밀감향 사이에 있는, 냄새가 잘 알려지지 않은 꽃향기들로 작업을 했다. 차갑고 은은하고 약하지만, 존재감을 드러내는 향이다.

일본 판화 수집가인 나는 화가 오가타 코린의 아이리스 병풍에서처럼, 아이리스가 갖는 떠다니는 세계의 이미지를 기억하고 있다. 우리 집 정원도 오뉴월만 되면 깃털이나 눈처럼 희고 짙은 쪽빛의 아이리스가 만개하고 장밋빛 아이리스 향으로 가득 찬다. 이 두 세계는 서로의 세계로 완전히 스며든다. 나는 일본 예술가들의 시선을 감정에 섞지 않고서는 아이리스를 볼 수도, 느낄 수도, 만질 수도 없다.

〈에르메상스Hermessence〉는 향료의 이름과 조향의 의도를 정의하는 또 다른 단어를 합해 만들어진 이름이다. 단어나 때로 소재들을 연결하여 이름을 찾는다. 여기서는 일본어 단어를 나란히 잇는 편이 더 나아 보인다. 아이리스 콘이로 − '콘이로'는 일본어로 '파랗다'는 뜻이다 −, 아이리스 카도(꽃길), 아이리스 우키요에(떠있는 세상의 이미지). 아이리스 히로시게, 아이리스 호쿠사이와 같은 이름은 이미 등록되어 있어 불가능하다. 향수의 이름은 당신의 모든 감각을 사로잡아야 하는 언어이자, 향수와의 첫 접점이다.

하지만 상표등록 검색은 세계 곳곳에서 이루어지며 때로는 한없이 오래 걸리기도 하는 일인지라, 향수

인터뷰 도중에 어느 기자가 내가 재능을 천부적으로
타고 났는지 물었다.
이 질문을 나는 재능, 천부적 자질, 타고난 장점을
묻는 것으로 이해했다.
나는 재능이 뭔지, 더욱이 '천부적'이라든가 '타고났다'든가
하는 것들의 정의가 무엇인지 잘 모르겠다.
그러기에 나는 "재능이 없습니다."라고 답했다.

© Benoit Teillet

이름을 하나 정하는 데에도 몇 달씩 걸리는 경우도 있다.

2010년 2월 6일 토요일, 카브리

『완두콩 공주』

「르 누벨 옵세르바뙤르Le Nouvel Observateur」는 동화를 주제로 한 에르메스의 새 광고를 오늘 자 잡지의 2~3 페이지에 걸쳐 실었다. 안데르센의 동화 중 하나인『완두콩 공주』는 이 시리즈의 첫 번째 삽화다. 페이지 전체에 걸쳐 길게 땋아 늘인 머리에 생생한 컬러의 실크 스카프를 두른 젊은 여인이 형형색색의 그림이 그려진 쿠션 더미에 머리를 올려놓은 모습이다. 활력을 주는 상큼한 쿠션 색은 나에게 완두콩향의 색채를 불러일으킨다. 쿠션 뒤로 그녀의 몸이 있을 것이라 짐작할 수 있다. 쿠션 더미 아래쪽으로, 첫 번째와 두 번째 쿠션 사이에는 독특하게 생긴 완두콩이 하나 놓여 있다.

배경은 잔잔하고 고요한 하늘과 모호한 세계의 풍경이 펼쳐진다. 초록색, 노란색, 장미색, 보라색, 파란색을 나란히 쌓아올린 것은 '조화로움' 혹은 '어우러짐'이라는 주제를 비유적으로 표현한 것이다. 즐거운 유혹이 발산된다. 내가 현재로서는 막연하게만 구상 중인 배를 환기시키는 여성 향수에서 되찾고 싶은 그런 유혹이다.

2010년 2월 8일 월요일, 카브리

새로운 그린 향

종래의 향수 원료 납품업자들로부터 다양한 방법으로 증류, 추출하여 얻어진 민트를 받아 보았다. 100℃ 이상에서 팔팔 끓인 물의 수증기로 증류된 에센스는 부서진 잎에서 나오는 그린 향을 잃는다. 말린 식물로 만든 순수 에센스는 짚 냄새, 자른 건초 향내가 나는데, 이 프로젝트에는 어울리지 않는다. 이와 같은 추출 과정에 물은 적합하지 않다. 탄산가스로 추출한 에센스는 극도로 낮은 온도에서 만들어지기 때문에 갓 잘라낸 민트의 향에 가장 가깝다. 이들 가운데 한 민트 제품이 내 마음에 드는데, 시금치의 초록 색소인 엽록소가 너무 많아 변색 작업이 좀 필요해 보인다. 내가 '그린 향'을 원하는 이유는 '반전'을 노린 '무색의 향수'를 만들고 싶기 때문이다.

〈에르메상스〉 컬렉션의 〈브렝 드 레글리스 Brin de Réglisse〉를 만들기 위해 라벤더 에센스를 사용했는데, 내 간절한 생각과 딱 어울리는 재료를 사용하기 위해 수백 개의 분자로 이루어진 라벤더의 성분을 바꿔 본 적이 있다. 이번 민트 에센스 성분은 별로 복잡하지 않으므로 굳이 바꾸고 싶지 않다. 향을 결정하는 주요 성분은 카르본과 멘톨이다. 카르본은 추잉검 향을 내고, 멘톨은 민트 사탕 향을 낸다.

이렇듯 재료를 찾는 것과 함께 가지고 있는 샘플에 맞는 새로운 조향을 시도해 보았다. 민트의 차가운 신선함과 파출리의 진하고 숨막히는 열기의 대조를 이용해 보니, 깜짝 놀랄 만한 조합이 만들어진 것이다!

2010년 2월 12일 금요일, 카브리

불안

불안은 내게 낯설지 않다. 한 번도 원한 적은 없지만, 내가 스무 살 때 혹은 그보다 조금 더 일찍 갑작스레 찾아왔다. 너무 싫었지만 금세 받아들였다. 불안을 겪고 한참이 지나고 나서야, "이 세상의 진정한 불가사의는 보이지 않는 것이 아니라 보이는 것이다."라는 말의 의미를 깨닫게 되었다. 단순하면서도 난해한 오스카 와일드 Oscar Wilde의 이 문장을 읽던 날, 나는 충격을 받고 잠시 동안 어찌할 바를 몰랐다. 입을 크게 벌린 깊은 심연의 끝자락에서 지식을 비운 채 서 있는 나 자신이 보였다. 그리고는 이 일시적으로 일어난 격한 감동에 감탄했다. 이 감정은 내 안에 일어난 뚜렷한 자각을 보여 주고, 내가 존재하고 있음을 확인시켜 주고 있었다.

불안은 항상 예고 없이 나타나지만, 나는 그 첫 신호를 알고 있다. 향수를 만들 때 그리고 첫 작업을 시작하는 순간에 자주 나타난다. 그래서 내가 방금 적어

놓은 포뮬러의 처음 몇 줄을 읽으며 고민하는 경우가 있다. 몇 줄로 요약된 포뮬러를 읽으며 아이디어가 부족한 것은 아닐까, 내가 너무 메마른 것은 아닐까 하는 강한 불안감이 밀려든다. 실제로 나는 조향사의 삶을 어지럽히는 생각이나 평온한 규칙성을 버린 듯 조금 과감하게, 말하자면 내 향수들에게 옷을 제대로 입히지 않고 접근하고픈 동물적인 욕구를 느낀다. 때로 포뮬러의 처음 몇 줄들은 순수한 충동이거나 갑자기 일어났다가 곧 사라져 버리는 일시적인 갈망의 산물일 때도 있지만, 대개는 좀 더 원대하고 치밀하게 기획된 것을 실행에 옮기고자 하는 시도를 나타낸 경우가 많다. 이것은 나의 의도와 바람을 입혀야 하는 매우 불안한 약속이기도 하다.

〈쟈르뎅〉을 만들 때 나를 사로잡은 걱정은 또 다른 성질의 것이다. 내가 만드는 향수는 추상적인 아이디어를 형상화한 것이 아니라, 바로 내가 있는 '장소와 내가 선택한 '소재'로부터 출발한다. 내가 조작할 수 있는 향의 에센스들이 줄지어 서 있는 작업대를 앞에 두고, 결정적인 코드가 될 만한 단 하나 혹은 여러 향들을 선택한다는 것은 내가 앞으로 따라가야 할 길을 기약하는 것이다. 이렇듯 걱정과 선택의 순간은 늘 연장선상에 있어 왔다. 그러다 보면 밤을 하얗게 지새우는 날도 많아지는 법이다. 누구든 내게 이런 선택은 지극히 개인적인 것이므로 모든 사람에게 통하는 코드가 되기는 어려울 수 있다는 반론을 제기할 수도 있다. 물론 나는 이런 지적을 기꺼이 받아들인다. 그렇긴 하지만, 나는 경제적 교류가 활발해지면서 냄새에 관한 취향도 전 세계적으로 보편화되기 마련이며, 그러다 보면 개인의 취향과 맞지 않는 경우가 있긴 하지만 보편적인 감성은 공유된다고 생각한다.

일단 갈 길이 정해지고 나면 불안은 사라지고, 오로지 향수를 만들고 글을 쓰는 즐거움만 남는다. 그럼에도 간혹 마지막 선택을 눈앞에 두고는 다시금 걱정이 밀려들기도 한다.

2010년 2월 15일 월요일, 모스크바

"남의 떡이 더 커 보인다."

<부아야주 데르메스> 런칭을 위해 모스크바에 왔다. 홀에 자리를 잡고 호텔 종업원에게 홍차 한 잔을 주문하니, 에디아르Hédiard 차를 내어 왔다. 파리의 같은 급 호텔에서라면 러시아식 쿠스미 차Kusmi Tea를 내왔을 것이다. 그러고 보면 "자본주의는 '교환 게임'이다."라는 페르낭 브로델Fernand Braudel의 말은 적절해 보인다.

2010년 2월 16일 화요일, 모스크바

천부적 재능

인터뷰 도중에 어느 기자가 내가 재능을 천부적으로 타고 났는지 물었다. 이 질문을 나는 재능, 천부적 자질, 타고난 장점을 묻는 것으로 이해했다. 나는 재능이 뭔지, 더욱이 '천부적'이라든가 '타고 났다'든가 하는 것들의 정의가 무엇인지 잘 모르겠다.

그러기에 나는 "재능이 없습니다."라고 답했다.

내가 향수를 선택하게 된 것은 우연한 일이다. 아니, 실은 오히려 향수가 나를 선택한 것 같기도 하다. 어쩌면 나는 배관공이나 화가 혹은 음악가가 되었을 수도 있다. 하지만 내 주변에는 화가도 배관공도 음악가도 없었다. 실은 꼭 그렇지만도 않다.

외삼촌은 공립학교 음악 선생님이었다. 우리 가족이 니스에 살던 사춘기 시절, 나는 일주일에 한 번씩 외삼촌 집에서 어니스트 반 데 벨데Ernest Van de Velde의 《메또드 로즈Méthode Rose》 교본을 가지고 몇 달간 피아노 연습을 한 적이 있었다. 나는 교본의 인트로에 나와 있던 색깔과 아르 데코Art Déco 디자인을 아직도 기억하고 있다. 하지만 정작 우리 집에서는 아무도 내 수업에 관심이 없었다. 반면, 내가 열여섯 살이 되던 해에 당시 그라스Grass에 있던 앙뚜안 쉬리Antoine Chiris의 향수 회사 - 20세기 초, 유명한 향수 회사인 코티Coty의 공식 납품업체였다. - 에 들어갔을 때에는 온 가족이 관심을 보였다.

나는 옛 성 프란치스코 수도원 자리에 있었던 이 향수 회사에 수습 사원으로 들어갔다. 처음에는 푸른색 작업복을 입다가 한참이 지나서야 흰색 작업복을 입게 되었다. 그러던 1968년, '5월 혁명'이 일어났다. 이 회사에 있는 동안 나는 입사 시절부터 내게 관심을 보여 준 사람들을 만났는데, 그들은 내가 조향사의 세계에 첫 발을 내딛도록 이끌어 주었다. 그들의 도움 덕분에 내가 발전할 수 있었던 것이다.

증류, 추출, 연구, 제조, 생산, 분석, 구매…. 이 모든 것이 내겐 흥미로웠다. 반면, 회계에는 전혀 관심이 없었다. 재무는 내가 할 수 있는 범위를 벗어난 것 같고 너무 딱딱해 보였다. 물론 지금도 마찬가지지만, 그때는 향수를 배우고 더듬어 가며 어림잡아 연구를 하던 풋내기였다. 열아홉 살에는 군대를 가기 위해 앙뚜안 쉬리의 곁을 떠났다. 당시만 해도 내가 장차 무엇이 될지는 전혀 알지 못했다. 군대에서 돌아왔을 때 내가 좋아하는 '이 세계'에 그저 한 자리라도 차지할 수 있기를 바랄 뿐이었다. 이후 쉬리는 없어졌고, 그 자리에는 재판소가 들어섰다.

2010년 2월 19일 금요일, 카브리

"분명치 않다."

파리에서 돌아왔다. 《프랑스 엥떼르France Inter》라디오 방송을 듣고 있었다. 현재 준비하고 있는 소설이 있는가를 묻는 질문에 초대석에 앉은 어느 젊은 작가가 "분명치 않다"고 짧게 답했다. 이 말이 내 귀에 꽂혔다. "이제 고작 한 페이지만 썼습니다. 그렇기는 하지만, 그 한 페이지가 저의 모든 생각을 담고 있습니다. '분명치는 않지만' 이것으로 충분합니다."

저녁에는 읽고 있던 책의 141 페이지를 폈다. 여기에서도 "분명치 않다"라는 단어를 발견했다. 이 단어가 나를 자꾸만 따라다닌다. 나 역시 조향사로 일하기 시작했던 시절에는 여성 향수에 대해서 '분명치 않다'는 생각을 가지고 있었다. 다만 이 향수를 꽃향기와 과일향, 상큼 발랄하고 귀여운 요정 같은 향수로 만들겠다는 생각만은 확고했다. 달짝지근하고 푸짐한 향이 아니라, 손가락 끝으로 건드리기만 해도 터질 것 같은 혹은 입 안에 넣으면 아삭거릴 것 같은 향 말이다. 푸짐한 향은 투박하지만, 요정 같은 향은 매혹적이다. '상큼 발랄하고 귀여운'이라는 표현은 향으로 변신할 수 있을 만큼 충분히 자극적이다.

© Benoît Teillet

2010년 2월 21일 일요일, 카브리

레 쟈르뎅 Les Jardins

'**파**'리 예술가 협회'가 주최한 '창조'에 대한 세미나에서 〈쟈르뎅〉 컬렉션을 만들기 위해 현장에 갈 필요성에 대해 질문을 받았던 일이 떠오른다.

에르메스는 내게 현지에 갈 기회를 제안했지만, 나는 꼭 그럴 필요는 없다며 레일라 망샤리 Leïla Menchari의 정원 묘사만 있으면 내가 상상력을 발휘하기에 충분하다고 답했다. 내 재능만으로 〈앵 쟈르뎅 앙 메디떼라네 Un Jardin en Méditerranée〉가 될 이 향수의 주제를 찾아낼 수 있을 것이라 믿었기 때문이다.

에르메스는 현장 답사를 떠날 것을 강력히 주장했고, 결국 나는 수락했다. 출발하기 전, 나는 이 프로젝트에 단순하게 접근하기 위해 아무 것도 읽지 않았다. 그러나 나를 항상 따라다니는 불안감을 쫓기 위해 이 여행에 지오노의 포켓북을 부적 대신 가져갔던 것으로 기억한다. 사람들은 나를 반갑게 맞이했다. 내가 발견한 그곳의 정원은 책상머리에 앉아 상상했던 것과는 전혀 달랐다. 마치 스케치를 완성하기 위해 수채화 통을 가지고 가는 것처럼, 나는 머릿속에 꽃과 과일 그리고 북아프리카의 나무향을 가득 담은 채 현지에 도착했다. 하지만 막상 아랍식 정원의 배경이나 특성에 대해서는 전혀 아는 바가 없었다.

길게 뻗은 산책로에 드리워진 서양 삼나무, 유칼리나무, 종려나무들 밑에서 내 모든 감각이 포위되고 길을 잃었다. 별안간 상상력이 완전히 마비되었다. 빛과 그림자의 작용을 보는 법을 배우고, 무화과나무와 바다백합의 냄새를 맡고, 연못과 새의 노래 소리를 듣고, 모래와 물의 감촉을 느끼기 위해 잊어야만 하는 진부하고 흔해 빠진 생각에 사로잡혀 있었다. 결국, 이 독특한 장소가 보여주는 생동감과 그림자를 가장 잘 표현하는 이번 향수의 주제를 발견하고 선택하기까지 사흘이나 걸렸다.

2010년 2월 22일 월요일, 카브리

'언제나 민트'

탄산가스를 추출하여 얻어진 민트를 변색시키면 내가 기대하는 투명하고 옅은 노란빛의 재료가 되지만, 이번 조향에서는 잘린 건초와 마른 허브 향이 너무 난다. 그래서 옅은 냄새가 매혹적인 그린 민트와 박하 민트 향이 두드러진 전통적인 민트 에센스로만 작업하기로 결정했다. 그린 민트와 파출리의 조향은 나중에 만들 오드 뚜왈레뜨 용으로 따로 보관해 두었다. 이런 은은하고 어두운 향은 오드 뚜왈레뜨에 어울리는 반면, 꼴로뉴는 더 활기차고 즉각적인 만족을 줄 수 있어야 한다.

클래식한 꼴로뉴를 민트, 페티그레인, 베르가못 그리고 레몬으로 조향할 수도 있겠지만, 이런 조합은 독창적이지 못하며 너무 평범해 보인다. 나는 각각의 재료가 가진 무게와 세기를 조절해 가며 새로운 조향을 시도해 보았다. 카시스 베이스와 그린 민트를 충분히 넣어 조합하면 두 재료의 향이 조화로운 향을 낸다. 트리플랄Triplal은 강력한 분자로, 단단하고 날 것의 생 그린 향이 나므로 정확히 측정하여 사용해야 한다. 마치 잘린 잎과 같은 효과를 주는 성분이기 때문에 많이 넣으면 그린 민트의 추잉검 느낌을 없앨 수 있다.

카시스와 그린 민트의 조향은 에르메스의 〈오 도랑쥬 베르뜨Eau d'orange verte〉에서 처음 사용되었지만, 당시에는 시프레 향의 구성 요소 중 하나였기에 지배적인 향은 아니었다. 이 대목에서 나는 단지 민트의 상큼한 향을 강하게 주기 위해서는 감귤류를 배제하는 편이 낫겠다는 생각이 들었다. 처음 시도해 보는 이 초벌향에 마음이 끌린다.

2010년 2월 25일 목요일, 카브리

유행 1

나는 별자리 운세는 보지 않지만, 마치 성운^{星雲}과도 같은 블로그들은 기꺼이 찾아본다.

많은 블로그들이 향수를 마치 '유행'의 원조인 것처럼 다루지만, 향수와 유행을 지배하는 근본 원리는 같지 않다. 물론 향수와 유행이 부분적으로는 상호 연관성이 있고 또한 그 둘이 한꺼번에 표현되는 경우도 있기는 하지만, 공생 관계를 맺고 있는 것은 아니다. 초일류 패션 디자이너가 만드는 컬렉션의 리듬과 향수의 리듬은 서로 다르다. 향수는 일시적인 유행을 넘어선다. 본래 유행이라는 것은 금세 지나가기 마련이다. 해마다 몇백 개의 향수가 선보이므로, 유행이라는 현상도 쉽사리 경험하게 된다. 시간이 흘러도 살아남는 향수가 매우 드물기 때문이다. 향수들이 구매되어 사용되자마자 곧 잊혀지기 마련이다. 이러한 현상으로부터 자유로운 향수들만이 '유행'을 타는 것이다. 에스까다^{Escada}가 매해 새로운 향수를 선보이며 나왔다 금세 사라지는 향수의 길을 모색하려 했지만, 향수에 있어서는 '시간'이 유행을 낳고 그 흐름을 좌지우지한다. 향수와 유행은 매우 자유롭게 만나는 성질이 있기에 브랜드의 명성은 더욱 견고해진다. 향수는 유행이 갖는 맹목적이고도, 수동적이며, 일시적인 성질과는 대조를 이룬다.

2010년 2월 26일 금요일, 카브리

유행 2

자본주의라는 괴물은 늘 먹을 것을 원한다. 녀석은 식욕이 너무나 왕성한 나머지 도무지 살을 빼려고도 하지 않는다. 녀석은 호기심이나 고귀함에 대한 매력은 조금도 느끼지 못하고, 언제나 같은 음식을 먹으려는 욕망에만 가득 차 있다. 이 괴물 녀석과 유행이 갖는 관계는 명확하면서도 이율배반적이다. 녀석이 유행을 받아들이기 위해서는 늘 똑같은 이야기를 반복적으로 들려줘야 한다. 유행이라는 것은 언어, 주술적인 의식, 테스트 등으로 둘러싸여 있다. 유행은 받아들여지길 원하기에 일종의 미인대

회 같은 것, 아니 대회라면 뭐라도 열리는 것을 좋아한다. 사람들은 유행에 대해 우스갯소리로 혹은 심지어 냉소적으로 말할 수 있어야 한다. 이 녀석은 푸념이나 반성 따위에는 눈썹 하나 꿈쩍하지 않기 때문이다. 유행이라는 것은 주로 블로거들이나 이야기꾼들이 모이는 작은 세계에 둘러싸여 있다.

일찍이 토크빌Tocqueville이 예견했다. 민주주의의 영향으로 사람들의 취향이 획일화되는 사회로 나아가고 있다고. 그리고 보면 유행이라는 것도 다 민주주의 때문에 치르게 되는 대가인 셈이다.

2010년 3월 2일 화요일, 홍콩

정체성

나는 〈부아야쥬 데르메스〉를 소개하고 중국, 말레이시아, 한국 심지어는 저 멀리 호주에서 온 기자들의 질문에 답하기 위하여, 글자 그대로 풀이하면 '향기로운 항구'라는 뜻을 지닌 홍콩香港에 있다. 나는 이렇게 시간이 촉박한 체류 일정에도 도시에서

조향 예술의 모든 것이 '직감'이라는 한 단어로 요약된다.
그렇다면 조향사란 직감에 의존하는 사람이란 말인가?
내 입가에 미소가 맴돈다.
어딘지 모르게 만족스럽다.

© Benoit Teillet

벗어나 해방감을 느끼기 위해 몇 시간이라도 할애하려고 애쓴다. 코울룬Kowloon에 있는 '홍콩 아트 뮤지엄'을 방문할 계획이었다. 그러기 위해선 페리를 타야 했다. 선착장에 도착했을 때, 나는 중국 젊은이들이 어느 케이블 TV 방송에 접속한 것을 자랑하고 있는 커다란 포스터를 보았다. 다들 비슷한 옷을 입고 있고, 이름들은 하나같이 케이트, 나탈리, 에릭, 소니아, 데니스, 미쉘 등이었다. 중국식 이름을 쓰는 사람은 아무도 없었다. 그들이 서양식 이름으로 불리는 것은 매우 충격적인 일이었다. 이처럼 이름을 외국식으로 차용하는 것이 내게는 문화적 동화현상 내지는 정체성의 상실이며 심지어 인간의 상품화와 다를 바 없어 보인다.

이렇게까지 세계화가 이루어지는 것은 너무나 부조리한 일이다. 풍요로움은 서로 다른 것으로부터 비롯되는 것이지, 똑같아서는 결코 이뤄낼 수 없다. 마찬가지로 세계 각국의 다양한 언어로 된 프랑스 향수들의 이름에는 꿈도 없고 향기도 없다.

2010년 3월 3일 수요일, 홍콩

잔

사다리꼴 모양의 다리에 장식이 없는 잔이다. 두 손을 모아 물을 받도록 만들어졌다. 작자 미상의 작품인데, 조용한 형태와 순수한 디자인에 가냘픈 것이 특징이다.

마치 햇살에 비친 흰 눈처럼, 청명한 하늘에 떠 있는 흰 구름처럼 완전무결하고 깨끗하고 밝은 흰색 잔이다. 이 잔은 전시실에 있는 다른 잔들 가운데 유난히 눈에 띈다. 이것은 내 안에 희열을 북돋우는 완벽한 형태와 색깔을 가지고 있다. 화가 샤르댕Chardin이 쓴 것처럼 사물은 "감정을 통해 도달할 수 있는 진실을 그 안에 가지고 있다." 이와 같은 것을 나는 '함축성'이라 부른다. 잔에 새겨진 장식 문장紋章으로부터 알 수 있는 것들은 달걀 껍질, 명나라, 15세기, 아트 뮤지엄, 홍콩 …, 이런 것들이다.

실용적인 의미를 갖는 '잔'이라는 단어는 아름다운 것

은 실용적이지 못하다고 생각했던 칸트E. Kant를 생각나게 한다. 칸트에 따르면 "사물은 아름다움을 기준으로 설명될 수 없다."

이 박물관에 전시된 모든 도자기 작품들은 순전히 서양인 중심적인 관점에 반기를 들고 있는 것 같다. 테라코타부터 도자기에 이르기까지, 중국에서도 어떤 작품들은 국보급으로 승격되었을 정도로 도자기는 예술과 수공업 분야에서 항상 중요한 자리를 차지해 왔다. 이 잔은 그 자체로서 아름답다.

2010년 3월 5일 금요일, 홍콩

인공적인 것

"**인**공적인 이것은 무엇입니까?" 누군가 내게 묻는다.

그것은 아니 그것들은 입맛을 돋우는 아뻬리띠프apéritif의 일종인 '라 바슈끼히La Vache qui Rit' 치즈 만한 크기의 흰 정육면체의 모양에 양귀비씨처럼 생긴 까만 씨들이 흩뿌려 있는데, 주사위 모양으로 썰린 사과, 수박, 망고와 오렌지 조각들이 섞여 있다. 사실 호텔에서 아침 식사로 나오는 과일 샐러드에 대한 이야기이다. 껍질은 장밋빛이고 속살이 흰 '그것'은 동양인들이 흔히 즐겨 먹는 과일인 드래곤 프룻 조각인데, 서양인의 입맛에는 별로 맞지 않는다. 이 과일을 아는 사람은 당연히 자연산임을 알고 있지만, 모르는 사람들은 인공적인 것으로 치부해 버리는 것이다.

"당신은 향수를 만들 때 꽃이나 자연산 원료만 사용하고 인공적인 것은 전혀 쓰지 않나요?"라는 질문을 얼마나 많이 받아왔던가! 이런 질문을 받으면 나는 으레 자연산만큼 인공 제품도 많이 쓰고, 인공 제품 없이는 향수를 만들 수 없다고 대답해 왔다. 19세기 말에 이르러 조향학은 조향 장인으로 하여금 자연의 제약들로부터 벗어나, 자유를 얻은 '예술가'가 될 수 있게끔 해주었다.

2010년 3월 6일 토요일, 홍콩

실망

배를 주제로 한 여성 향수의 초벌을 가방에 넣어 왔다. 장소를 바꾸는 것은 향을 다르게 느껴볼 수 있는 좋은 방법이다. 향수를 뿌리고 향을 맡아본다. 실망이다. 홍콩의 열기와 습기 때문인가? 아니면 코가 나를 속이고 있는 것인가? 냄새가 시큼하고 자극적인 것이 내가 기억하는 그 향은 영 아니다. 향수병을 닫고 다시 가방에 넣었다. 나중에 다시 맡아봐야겠다.

도쿄, 자두나무 개화 후, 벚꽃 개화 전

균형

일본에서는 계절이 마치 의식처럼 치러진다. 일본인들은 편지를 쓸 때면 으레 날씨에 관한 얘기부터 꺼내며, 철에 맞는 색의 옷을 입고, 제철 음식을 먹는다. 오늘 저녁, 우리는 일본식 메밀국수인 소바 전문 식당에 초대를 받았다. 레스토랑에는 우리만 있었고, 건물의 자그마한 로비만 했다. 식당 전체에 퍼져 있는 밀가루 냄새는 구운 밤 냄새를 떠올렸다. 우리는 사이프러스 나무로 만든 계산대 앞에 자리를 잡고 앉았다. 흰 옷을 입고 이마에는 파란 띠를 두른 세 명의 요리사가 우리에게 인사하고는 요리를 시작했다.

한 사람은 메밀을 반죽하고는 잠시 동안 반죽을 재워 둔다. 그리고는 다시 정확한 규칙에 따라 네모난 형태로 반죽을 편다. 그런 다음, 구두 끈 정도의 두께로 규칙적으로 면을 자른다. 그러는 동안 또 다른 요리사는 다음 요리에 쓸 메밀가루를 만들기 위해 돌절구에 메밀을 빻는다. 미리 준비해 놓은 끓는 물에 국수를 한 움큼씩 넣었다가 곧바로 꺼내어 각각의 볼에 담는다. 식사가 시작되었다. 나더러 크게 후루룩 소리를 내며 먹으라고 한다. 일본에서는 보통 소리를 내며 국수를 먹는다고 한다. 국수 한 그릇을 다 먹자마자, 다양한 요리가 담긴 접시들이 줄지어 나온다.

일본에서는 계절에 따라 식기가 바뀐다. 겨울에는 도자기를, 여름에는 유리와 대나무 접시를 쓴다. 볼 때마다 눈과 입이 놀라곤 한다. 요리마다 색과 재료의 질감, 맛, 계절의 특성 등이 치우침 없이 균형이 잡혀 있다. 재료의 신선도가 핵심이며 맛은 미묘하다. 일식은 무언가를 푸짐하게 넣거나 양념을 많이 쓰지 않는다. 서양 음식은 대개 이것저것 넣어서 만들기 때문에 오류가 잘 드러나지 않는다. 반면 일식은 오류를 허용하지 않는다. 눈앞에서 펼쳐지는 이런 광경은 먹는 우리들에게는 순간적인 즐거움을 안겨 주고, 요리사들에게는 탁월한 솜씨를 요구한다.

2010년 3월 10일 수요일, 교토

예의

오늘 아침 료칸을 떠나는데, 여인숙 주인이 길까지 배웅을 나오더니, 등을 똑바로 펴고 상반신을 깊이 숙이며 오랫동안 감사하다는 인사를 했다. 택시를 타고 몇 미터를 가다가 뒤를 돌아보니, 또 다시 인사를 하고 우리가 떠나는 것을 눈으로 배웅했다. 나는 되돌아갈까 망설였다. 택시가 모퉁이를 돌자 비로소 그들이 시야에서 사라졌다.

우리는 도쿄행 고속열차인 도카이도 신칸센을 타야 했다. 역의 규모와 청결함 그리고 외국인이 길을 쉽게 찾을 수 있도록 설치된 안내표지가 인상적이었다. 승강장에서는 여행객들이 차분하게 순서를 잘 지키는 모습에 놀랐다. 여행객들은 각자 열차 번호가 쓰인 안전선 안쪽에서 조용히 서서 기다리고 있었다. 열차가 도착했고, 우리는 프랑스에서부터 이미 예약해 둔 자리에 앉았다. 샤넬Chanel 〈N°5〉의 어렴풋한 향이 객차 안에 떠도는 것 같아 향의 주인을 찾기 위해 나는 뒤를 돌아보았다. 객차 안에는 남자들만 있었다. 에어컨에서 나는 냄새일까?

표를 검사하고 있던 검표원이 뒤돌아 고개를 숙여 인사한 후 되돌아갔다. 그는 매 정류장마다 돌아와 인사할 것이다. 여학생처럼 흰색 블라우스에 검정 스커트를 입은 음료 판매원이 좌석 사이로 캐리어를 끌고 다녔다. 허리 뒤로 예쁜 리본이 달린 보라색과 노란색이 어우러진 앞치마를 입고 있었다. 자동문 앞에 다다르자, 그녀 역시 뒤돌아 시선은 좌석 위쪽을 바라보며 등을 똑바로 편 채 허리를 굽혔다.

호텔, 여인숙, 카페, 상점 등에 도착했을 때나 떠날 때나 일본인들에게 인사는 일상적인 예절에 해당한다. 예절이 반드시 미덕은 아니다. 자칫 억지스럽고 위선적으로 보일 수도 있기 때문이다. 이런 공손함을 비웃을 수도 있었겠지만, 나는 예절을 일종의 품격이자, 사회생활을 쉽게 해주는 문화로 존중하고 싶다.

2010년 3월 15일 월요일, 가나자와

자연미

일본을 생각할 때면 떠오르는 도시이자, 2천 여 개의 전각과 정원이 있는 도시인 교토에서 며칠을 묵었다. 이후 우리는 이상적인 아름다움을 상징하는 것으로 유명한 송나라식 정원을 보기 위해 가나자와행 기차를 탔다. 조성한 정원이든 이끼가 많은 정원이든 혹은 단순한 산책로든, 일본식 정원들은 서양인들에게는 인공적으로 보인다. 물론 우리 일본인 가이드에게는 이보다 더 자연스러운 정원은 없을 것이다. 가이드에게 정원의 구성, 돌의 선택, 물의 활용, 세련된 나무 절단법, 솔잎과 잔가지 하나하나까지 신경 쓴 인위적인 나뭇가지 모양, 이 모든 상징적인 아름다움과 주변 경치를 이용한 조성에 대한 내 견해를 말하니, 그녀는 예쁜 웃음을 지어 보이며 그 모든 것이 자연적인 것이라 말했다. 자연미는 그래서 문화적인 것이다.

2010년 3월 19일 금요일, 도쿄

빌 에반스 Bill Evans

일본에서 재즈를 이야기하는 것은 적절치 않을 것 같지만 전혀 그렇지 않다. 재즈는 일본 문화의 일부가 되었다. '블루 노트 Blue Note'는 도쿄에 사무실을 두고 있다.

록 음악 위주인 스타벅스를 제외한 대부분의 카페나

만남의 장소에서는 주로 서너 명의 연주자로 구성된 1970~80년대 재즈 음악을 들을 수 있다. 반대로 레스토랑은 모짜르트Mozart에서 드뷔시Debussy에 이르는 클래식 음악을 주로 튼다. 절도를 강조하는 이 나라에서 모짜르트는 걸맞지 않아 보이는 반면, 드뷔시나 라벨Ravel은 딱 어울려 보인다. 나는 재즈를 듣는 민족은 인간적인 교류를 중시하는 사람들이라 생각한다.

재즈 애호가인 나는 가장 위대한 재즈 피아니스트라 여기는 빌 에반스의 음반 가운데 내가 모르는 것을 발견하길 기대하며, 긴자 구역에 위치한 유명한 '야마노 뮤직'에서 귀한 DVD 한 장을 구했다. 호텔에 돌아와 플레이어에 디스크를 넣고 음악을 들으며, 빌 에반스, 마크 존슨Marc Johnson, 조 라 바베라Joe La Barbera의 트리오 연주를 봤다. 빌 에반스의 연주에는 감성뿐만 아니라 정확성과 존재감 그리고 명료함이 녹아 있기에 그의 음악을 들으면 인간애가 싹튼다. 그가 내는 '소리의 색'은 가브리엘 포레Gabriel Fauré와 클로드 드뷔시의 그것을 연상시킨다.

나는 이 소리의 색을 '향기의 색'으로 바꾸고 싶다.

주제나 이미지가 향수의 필수 요건은 아니다.
향수가 아름다운 것은
그 자체로서 존재하기 때문이다.

© Richard Schroeder

2010년 3월 22일 월요일, 카브리

작업

오늘 아침, 다시 조향실을 찾았다. 테이블 위에는 하다 만 일거리들이 널려 있다. 각기 다른 주제로 작업이 진행 중인 꼴로뉴 세 개가 나를 기다리고 있었다. 하나는 지금은 잠시 놓고 있는 민트를 주제로 한 꼴로뉴이고, 두 번째는 이국적인 나무에서 나오는 감귤류 향을 지닌 엘레미élémi를 베이스로 한 꼴로뉴, 세 번째는 내가 엘뤼아르P.Eluard에게서 영감을 받아 〈오드 만다린 블루Eau de mandarine bleue〉라는 장난스런 이름을 붙인 만다린 꼴로뉴이다. 그런데 실은 엘뤼아르는 오렌지를 더 좋아했다.

〈앵 쟈르뎅 쉬르 르 뜨와Un Jardin sur le Toit〉라는 쟈르뎅 신제품을 준비 중인데, 이는 포부르 쌩또노레Faubourg Saint-Honoré 24번지 테라스를 기념한 것이다. 사실 이곳은 제이차세계대전 중, 뒤마 에르메스 일가가 채소를 공급하기 위해 만든 채소밭이었는데, 장 루이 뒤마Jean-Louis Dumas가 경영권을 잡은 후에는 정원으로 탈바

꿈한 장소이다. 계절에 따라 흰 꽃, 장미, 아이리스, 팬지, 봉숭아, 튤립, 배, 사과 등이 혼합된 쟈르뎅이다.

〈페미닌 H〉는 홍콩에서 나를 실망시킨 바로 그 초벌 향이지만, 내가 지속적으로 각별한 애정을 가지고 있으므로 아마도 무언가를 가져다 줄 수 있을 것이다.

내 고유의 감성으로 재즈의 스탠다드처럼 해석한 에르메스의 클래식 향수들인 〈깔레슈 에 벨아미 Calèche et Bel Ami〉, 그리고 〈베티베 드 깔레슈 Vétiver de Calèche〉, 〈뀌르 드 벨아미 Cuir de Bel Ami〉라는 이름을 붙여준 향수들도 있다. 〈브와 아메르 Bois amer〉, 〈브와 드 삐에르 Bois de pierre〉, 〈플뤠르 드 뽀르슬렌 Fleur de porcelaine〉, 〈나르시스 블루 Narcisse bleu〉와 같이, 결코 세상의 빛을 보지 못할 다른 향수들도 더 열거할 수 있다.

이 향수들은 모두 현재로선 만들어지는 '과정'에 있으며, 따라서 각각의 향수에 대해 내가 머릿속에 가지고 있는 것을 제대로 표현하고 있지는 않지만, 내가 그 향수들을 쉽게 찾을 수 있도록 정리하는 데에는 도움이 되는 이름들이다. 물론 코드나 숫자를 붙일 수도 있겠지만, 나는 이름을 선호한다. 이름은 향수마다 제각기 숨겨 놓은 이야기의 빗장을 여는 열쇠이기 때문이다.

2010년 3월 25일 목요일, 카브리

라디오 채널 《프랑스 엥떼르》에서 방송된 〈방랑 기질L'Humeur vagabonde〉 프로그램을 통해
'빠트릭 모디아노Patrick Modiano와의 인터뷰'를 들은 후

기질

향수에는 '완성품'이라는 도도한 자부심이 있었다. 1970년대까지만 해도 향수라는 것이 단순하고 정돈된 것이 아니라, 채워지고 축적되고 첨가된 복잡한 것으로, 오직 단 하나의 해석만을 허용했다. 여기에는 그 어떠한 비판도 용인하지 않고 군림하려는 의도와 일종의 허세 같은 것도 있었다. 1976년, 반 클리프 앤 아르펠Van Cleef & Arpels의 〈퍼스트First〉를 만들면서 시장을 철저히 분석하고는, 여성성과 부와 힘을 상징하는 모든 것들을 이 향수로 끌어다 모아

응집시켰다. 그러나 시간이 흐르면서 점차 낯선 것이 되어 버리는 바람에, 그렇게 만들어진 향수와 나의 애정 관계는 단지 그것을 만드는 기간 동안에만 유지되었다.

경력이 쌓여감에 따라 향수를 설계하는 방식도 점차 달라졌다. 나는 더 이상 '시장의 요구'에 귀를 기울이지 않는다. 참신한 것을 만들기 위해서는 귀를 막는 것도 필요하다. 나는 원료들을 높이 쌓아올리는 데만 급급하지 않고, 이제는 그것들을 펼쳐서 늘어놓는다. 또한 뒤섞지 않고 연결한다. 내 향수들은 완성되었으나 끝이 없다. 모든 향수는 이전 향수와 관계가 있고, 벌써 다음 향수의 모습을 보여준다. 그렇다고 그것들이 서로 비슷하다는 것이 아니라, 미묘한 관계로 서로 연결되어 있다. 나는 절대 기존의 포뮬러를 재활용하지 않는다. 일단 향수가 완성되면 사용된 포뮬러는 뇌리에서 지워 버린다. 사실 나는 '기억'에 의존해서 개인적인 몇 가지 주제에 다양한 변화를 주며 작업을 한다. 그 주제들을 수정해서 다시 보고, 조금 멀찍이 떨어져 다른 각도에서 즉, 다른 방식으로 표현해 보고자 하는 것이다. 그렇다고 내가 새로운 주제를 찾지 않는다는 말은 아니다. 샤를 트레네Charles Trenet는 수천 곡의 노래를 썼지만, 자기가 들어 보았을 때에는 그중 불과 몇십 곡만이 성공적이었다고 털어놓은 적이 있다. 나는 강요하거나 억지를 부릴 생각이 전혀 없다. 오히려 즐거움과 호기심 그리고 상호작용을 일깨우고 싶은 욕망이 끊임없이 솟구친다. 나는 향수에 기꺼이 '공백'을 남겨 두는데, 이는 사람들이 자신만의 '상상력'으로 향수의 빈 공간을 채우기를 바라기 때문이다. 그렇게 해야만 비로소 '나만의 향수'를 소유할 수 있게 되는 것이다.

2010년 3월 30일 화요일, 파리

통찰력

나는 알랭 뒤카스Alain Ducasse의 소믈리에sommelier인 제라르 마르종Gérard Margeon 그리고 철학자인 샹딸 쟈께Chantal Jaquet와 함께 냄새와 와인 및 향수에 관해 말하기 위해 파리 도서전에 갔다. 제라르 마르종은 와인 시음이 단지 비유적인 표현들의 말잔치로 끝나지 않는 것을 보고 싶다고 했다.

산딸기, 카시스, 떡갈나무, 장미 혹은 가죽향을 인용하는 것은 우리가 와인을 배우기 시작하는 걸음마 단계에서 익히게 되는 초보적인 언어들에 불과하다. 따라서 장소, 토양, 미네랄 함유 정도, 특히 와인을 '만든 사람'에 대한 것으로 이야기를 점차 확장시킬 필요가 있다. 와인은 그것을 만드는 사람의 '특성'을 반영해야 한다. 그렇지 않으면, 시장의 요구에 부응하기 위해 단지 입맛을 끌어당기는 수준에서 그치게 된다. 다시 말해서, 더 많은 대중을 사로잡겠다고 반복적이고 같은 포뮬러를 사용하게 되면 그야말로 말짱 도루묵이 되는 것이다. 나는 와인의 전형적인 특성처럼 고착화된 맛의 기준으로부터 와인을 해방시키고 싶은 욕구를 제라르 마르종에게서 느꼈다. 그의 강연이 마음에 들었다. 그는 나의 비전에 힘을 실어주는 말들을 했다. 다양한 포도나무의 품종을 분류하고 함량을 배합하거나 첨가하는 마스터 소믈리에와는 달리, 나는 향수들을 단순화시키며 빼내는 방법을 쓴다. 마스터 소믈리에의 입장에서 보면 인간은 자연에 얹어지는 존재지만, 조향사인 나는 자연으로부터 떨어져 나왔다가 다시 자연으로 되돌아간다.

샹딸 쟈께는 눈으로 보는 세상뿐 아니라, '코로 이해하는' 세상에 대해 그리고 냄새의 원초적인 특성과 냄새에 대한 편견을 재조명하는 강의를 펼쳤다. 그녀는 '철학을 하는 것은 곧 통찰력을 갖는 것'이라 말했던 니체Nietzsche에 관해 길게 말했다. 냄새에 대한 강의 중간중간에 자주 등장하는 '명민함'이란 단어가 나의 호기심을 불러일으켰다. 그날 저녁, 나는 컴퓨터 앞에 앉아 그 단어의 뜻과 동의어를 검색해 보았다. '명민함'이란 사물의 의미를 빠르게 파악하는 능력인 정신을 의미한다. 다시 말해, 직관적이고 기민하지만 분별력, 직관, 혜안, 감각, 섬세함과 비슷한 의미로 쓰이며, 직감이라는 말로도 대체할 수 있다.

그렇다, 조향 예술의 모든 것이 '직감'이라는 한 단어로 요약된다. 그렇다면 조향사란 직감에 의존하는 사람이란 말인가? 내 입가에 미소가 맴돈다. 어딘지 모르게 만족스럽다.

2010년 4월 7일 수요일, 카브리

기준

프랑스의 포도주가 외국에 끊임없이 수출되고, 다른 나라의 포도주 제조업자들에게는 모방의 대상이 되며, 나아가 외국인들에게도 좋은 반응을 얻고 있다. 그럼에도 제라르 마르종은 다른 나라들에서 생산된 포도주 맛의 표준이 된 프랑스산 포도주를 규격화된 맛으로부터 해방시켜야 한다고 주장했다. 그의 주장을 들은 이후로 나는 향수와 향수의 역사를 되짚어 보아야겠다는 생각이 들었다.

화학 산업이 고도로 발달한 1970년대 이전까지는 향수의 기준이 19세기 부르주와 경제와 철학의 영향을 받았다. 이 기준은 동일한 냄새와 농도에 따른 향수의 화학적 성분에 의해 규정되었다. 그리고 조향 방법의 기준은 플로랄 향, 나무향, 그린 향, 매운 향 등을 골고루 선택하고 추가하는 것이었다. 냄새를 분류하는 기준은 주로 플로랄, 오리엔탈, 시프레, 시트러스, 양치류였다. 향수의 기준 농도는 그것의 용도에 따라 정해졌다. 더욱이 견습 조향사는 40여 개의 향수 원형들을 알아야 했다. 이 원형들이 바로 좋은 향수의 기준을 말해주는 지표이기 때문이다. 원칙과 좋은 향수의 기준을 정의하는 과정에서 조향사들은 한 나라의 정체성과 전통 그리고 문화유산을 아우르는 폭넓은 지식을 갖게 되었다.

1980년대에는 화학제품과 천연 제품에 있어 새로운 성분을 사용하는 혁신이 일어났다. 그러나 그 혁신이라는 것도 따지고 보면, 소위 '획기적인' 기술을 활용하는 수준에서 그쳤다. 이를테면 '헤드스페이스 headspace' 기술은 본래의 꽃향기에 대한 분석을 가능하게 해주었지만, 결과는 참신하지 못했다. 많은 향수 회사들이 해외로 진출하고 공급을 맞추기 위한 향수에서 수요를 겨냥한 향수로 전환하면서, 사람들의 다양한 취향이 하나로 통일되어 버렸다.

향수업계의 일인자인 프랑스의 위상에 도전하는 혁신적인 제품이 미국에서 나온 것이다. 위생뿐만 아니라 고상함을 주기 위해 청량감을 주는 냄새를 도입한 점, 향수를 몸으로부터 좀 떨어진 거리에서 뿌리는 동작 즉, 일종의 에로티시즘을 대체하는 기술의 결과물인 분사기가 일반화된 것 그리고 얼마나 더 강하고 지속성이 강한 향수인가가 상업적 가치판단의 기준이 된 것. 바로 이러한 것들이 혁신이라면 혁신이었다.

오늘날에는 향수를 분류하기가 어렵다. 대개 화학성분을 함유하는 향수의 원료는 '자연'과 거리가 멀다. 좋은 성분을 가진 향수를 만드는 것은 더 이상 조향사가 향을 추가하는 것에 있지 않고, 향의 추출 과정을 통제할 수 있을 만한 전반적인 능력을 갖추는 것에 달려 있다. 단지 대중 친화력을 높여 전 세계 고객의 비위를 맞추려면 우아함보다는 확산력과 강약이라는 성능을 우선시해야 한다.

오래전에 판매되었던 향수는 더 이상 선망의 대상이 아니며 오직 신제품만이 평가의 대상이다. 프랑스에서 베스트셀러 10위 안에 드는 샤넬의 〈N°5〉, 게를 렝의 〈샬리마르〉, 입생로랑의 〈오피움〉을 제외하고는 모두 최근에 나온 향수들만이 베스트셀러에 들어 있다.

이제 향수 산업의 미래는 더 이상 새로운 조향 물질을 발견하는 데에 달려있지 않다. 점점 더 엄격해지는 관련 법규 및 개발 비용과 의무화된 안전 테스트 강화 등을 구실로 연구비 예산이 대폭 삭감되었기 때문이다. 화학 제조업체들은 이미 잘 알려진 향의 입자를 대량 생산하는 데에만 혈안이 되어 있고, 조향사를 통해 향의 가짓수를 다양화하는 데에는 무관심해지고 있다.

따라서 고급 향수가 '살아남기' 위해서는 새로운 냄새와 새로운 향수의 이름을 만들어 내고, 고급 향수의 특성을 다시 정의하며, 그것에 관한 새로운 이야기를 비롯하여, 고급 향수를 신뢰하고 필요로 하는 고객들과 만나는 방식을 개선해야 하는 상황에 놓여 있다. 이러한 시대적 요구에 적절히 대응할 수 있어야만 조향사라는 직업도 가치와 의미를 지니게 될 것이다.

2010년 4월 8일 목요일, 파리

스위트피

루 와이얄 거리를 걷다가 라숌Lachaume 꽃가게의 쇼윈도 앞에 멈춰 섰다. 형형색색의 스위트피를 보았기 때문이다. 나는 스위트피 향을 특히 좋아한다. 휴대전화로 안느에게 전화를 걸어 카브리의 이웃 마을의 꽃가게인 꼬끌리꼬Coquelicot에서 스위트피 몇 다발을 주문하도록 부탁했다.

2010년 4월 9일 금요일, 파리

레일라

레 일라 망샤리Leïla Menchari는 아랍 문화원의 전시실에서 디스플레이를 담당하고 있다. 아름다움을 추구하는데도 그리 대접받는 자리는 아니다. 내 생각에 이 일의 매력은 우리가 꿈을 꿀 수 있도록 이끌어 주는데 있다. 한 독일 회사의 향수 제작팀장을 맡고 있던 1993년, 나는 포부르 쌩또노레Faubourg Saint-Honoré에 있는 에르메스 매장에서 그녀가 장식해 놓은 쇼윈도를 본 적이 있다. 당시 내 사무실은 에르메스 건물 맞은편에 있었는데, 일 년에 네 차례 에르메스 매장에서 열리는 쇼윈도 오픈 행사를 위해 일부 직원들이 늦은 오후에 나가보곤 했다. 예전에 레일라를 튀니지 근처의 하마멧Hammamet에 있는 그녀의 정원에서 만난 적이 있다. 그리고는 내가 에르메스에 입사한 후, 다시 만나게 된 것이다.

그녀는 내게 가죽과 실크로 만든 제품들을 보여주면서 손으로 감촉을 직접 느껴보게 해 주었다. 그 제품들은 장인들의 손끝에서 정확하면서도 신중하고 숙련된 기술로 만들어져 그 가치를 인정받을 수밖에 없는 것들이었다. 아울러 소재에 대한 그녀의 해박한 지식까지 곁들여 가며 설명해 주었다. 레일라는 제품에 생명력을 불어넣는 빛깔과 마법을 거는 몸짓을 잘 알고 있었다.

© Richard Schroeder

내 향수들은 완성되었으나 끝이 없다.
모든 향수는 이전 향수와 관계가 있고,
벌써 다음 향수의 모습을 보여준다.
그렇다고 그것들이 서로 비슷하다는 것이 아니라,
미묘한 관계로 서로 연결되어 있다.

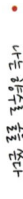
나는 향수로 시를 쓴다

2010년 4월 10일 토요일, 파리

아름다움

파리에서 오후 짬시간을 활용해, 뽕삐두 센터에서 열리는 화가 뤼시앙 프로이드Lucian Freud의 전시회를 볼 수 있는 좋은 기회를 만났다. 1995년, 매그 재단Fondation Maeght에서 운영하는 미술관에서 프란시스 베이컨Francis Bacon의 특별전과 비슷한 규모로 열린 뤼시앙 프로이드의 특별전에서 그의 작품을 감상한 적이 있었다. 그의 작품은 대부분 누드화다. 인간의 위대함을 드러내는 작품만을 엄선해서인지 그림의 존재감과 생생함이 더 잘 살아난다. 그가 화폭에 담은 모델들은 아름다움의 기준에 미치지 못한다. 심지어 그들은 나만큼이나 평범해 보인다. 처음에는 모델들 때문에 작품을 음미하기가 어렵지만, 막상 그림 앞에 서면 모델들은 사라진다. 내가 보고 있는 것은 모델들이 아니라 우리의 동물성과 인간성이다. 그의 회화는 사실주의적 구상파의 경향을 따르지만, 뤼시앙 프로이드는 결코 그림의 주제나 색감으로 우리를 유혹하거나 환상을 품게 한 적 없다. 바로 이점이 나를 매료시킨다. 이런 표현 기법은 내가 하는 일의 성격과 정반대인지라 더욱 마음에 들고 매력적이다. 뤼시앙 프로이드의 그림에 끊임없이 끌리는 내 마음이 결코 소유욕이 아닌, 다만 소박한 사랑의 감정에 지나지 않는 걸까?

2010년 4월 14일 수요일, 카브리

『완두콩 공주』의 후속편

오늘 아침, 내 책상에 흰 스위트피 꽃 한 다발이 도착했다. 오렌지, 핑크, 그린, 보라, 블루 같은 좀 더 선명하고 밝은 색이면 좋았을 걸 그랬다. 그래도 향으로 따지면 흰 꽃이 낫다. 『완두콩 공주』광고의 색은 스위트피 색을 연상시켰고, 그런가 하면 라솜 꽃가게 앞을 지날 때 봤던 스위트피 역시 이 동화의 광고를 생각나게 했다. 그러다 보니 스위트피 꽃의 향이 부분적으로나마 여성 향수의 주제가 될 수도 있겠다 싶은 생각도 들었다.

스위트피 다발은 펄럭이는 플라멩코flamenco 드레스를 연상시킨다. 꽃 하나만 보면 가늘고 길며 꽃잎은 얇은 모슬린 옷감 같다. 특별히 인상적인 향기를 내는 꽃은 아닌지라, 이를테면 장미향, 오렌지 꽃 향, 패랭이꽃 향 가운데 어느 하나를 꼭 집어서 정의할 수 없으며 바닐라 향도 살짝 들어갔다. 나는 이 향을 만드는데 필요해 보이는 일곱 가지 성분을 종이에 써 보았다. 비율의 균형을 맞추기 위해 한 번, 두 번, 세 번에 걸쳐 습작을 했다. 네 번째에는 패랭이꽃 향을 추가했다가 다시 수정했다. 다섯 번째 시도가 가장 적절한 것 같았다.

아래는 향수 레시피로, 이것을 가지고 조향 작업을 시도해 볼 수 있다.

스위트피

페닐에틸알코올	200
파라다이손 ®	180
히드록시시트로넬랄	50
로디놀	30

아세틸이소유게놀	15
오렌지 꽃 (무색 에센스)	15
cis-3 헥산올	5
페닐아세트알데히드 50%	5
	500

85°의 알코올에서 5%로 희석하여 맡아 볼 것.

2010년 4월 15일 목요일, 카브리

그린 향

향수 원료를 공급해 주는 업체들은 인공 원료든 천연 원료든, 새로운 원료가 출시되면 정기적으로 방문하여 내게 소개해 준다. 나는 그들과 함께 그 원료로 만들어질 미래의 향수를 꿈꾸는 것이 행복하다. 그들은 나를 잘 알고 있어서 내가 약한 농도로 희석된 향을 좋아한다는 것, 내게 올 때는 굳이 샘플 포뮬러를 가지고 올 필요가 없다는 것을 알고 있다. 그러나 이들과 관련하여 한 가지 나쁜 기억이 있다. 한 업자가 내가 이전에 만든 향수들 중 하나를 복제한 후, 자기들이 연구 개발한 성분을 첨가하여 내게 가져왔다. 그는 진심 어리지만 접근 방법에 있어 경솔했기에 나를 감동시키기보다는 오히려 화나게 만들었다. 어느 미술 재료상이 당신이 만든 작품의 복제품을 가지고 와서 자기가 그린 색상이 당신 것보다 더 낫다고 설득하려 한다고 상상해 보라. 만약 문이나 벽의 경우였다면 이해할 수 있을지도 모르겠지만 그림의 색은 안된다.

오늘은 어느 회사의 조향사와 영업 사원이 방문하여, 기존 제품이지만 새로운 추출 기술로 획득한 원료인 한련꽃과 한련 꽃잎 추출물을 내게 소개했다. 한련의 그린 향은 나를 사로잡을 만큼 강한 인상을 준다. 몇 년 전부터 나는 새로운 그린 향을 찾고 있었다. 이 엑기스는 한련 꽃잎 냄새도 물론 느끼게 해 주지만 또한 와사비, 고추냉이, 케이퍼, 야생 히아신스 향도 연상시키다. 이 그린 향은 노골적이며, 다른 어떤 향과도 닮지 않았고, 그 자체로 존재감을 드러내고 있었다. 나는 원료를 고를 때 향 자체의 퀄리티뿐만 아니라, 향수에 사용되었을 때 어떤 향이 날지를 고려한다.

그린은 냄새가 어떤 '의미'를 갖는 유일한 색깔이다. 다소 식별이 불분명한 나의 원료 컬렉션에는 은은하고, 거칠고, 잔잔하고, 시큼하고, 짙은 냄새 등을 가진 다양한 그린이 있다. 그린 빈, 무화과 잎, 고광나무, 담쟁이덩굴, 해초, 딱총나무, 회양목, 히아신스, 잔디, 완두콩 냄새가 나는 그린도 있다. 나는 노란색이나 붉은색, 푸른색 향은 잘 모르지만, 흰 꽃, 노란 꽃, 붉은색 과일을 특징짓는 향은 잘 알고 있다.

2010년 4월 21일 목요일, 무스띠에-생뜨-마리

오래된 향수

우리는 앞으로의 비전과 전략을 세우기 위해 한 자리에 모였다. 이날 다룬 여러 주제들 중 하나는 우리의 '오래된' 향수들이다. 에르메스는 초창기 향수부터 지금 막 출시된 향수에 이르기까지, 모든 향수를 매장에 전시하는 몇 안 되는 향수 회사들 중 하나다. 최초의 향수는 1951년 에드몽 루드니츠카가 만든 〈오 데르메스〉다. 나는 이 향수에 대해 남다른 애착을 가지고 있다. 1950년부터 1975년까지, 한 시대를 풍미했던 한 조향사의 데뷔 시절을 말해 주고 있기 때문이다. 포뮬러는 대단히 복잡하고 뒤죽박죽이지만, 미래의 조향사들에게 깊은 영감을 주는 조향과 아이디어가 혼재해 있다. 루드니츠카는 5년 후, 은방울꽃 향의 전형이자 초기 대표작인 〈디오리시모 Diorissimo〉를 만들었다. 은방울꽃이 크리스띠앙 디오르의 마스코트이긴 하지만, 에드몽 루드니츠카의 조향 방법이 그렇게까지 갑작스럽게 바뀐 것은 분명 회사가 바뀌었기 때문이라는 것 이외에는 달리 설명할 도리가 없다. 그는 아내와 함께 개인 사업을 시작하기 위해 합성 제품 전문 회사인 레르Laire를 그만두고, 아트 앤 퍼퓸Art and Perfume이라는 회사를 차렸다.

그러나 가장 오래된 향수라는 명예의 전당에 오를 법한 '고전'들은 프랑스에서 에르메스의 이미지로 상징

되는 〈깔레슈Calèche〉를 제외하고는 판매율 면에서 보면 겨우 명맥만 유지하고 있다. 시장과 유통은 젊음을 추구할 뿐, 옛것에 대해서는 눈곱만큼의 배려도 없다. 옛 향수들은 그야말로 아름다운데도 말이다. 정말 안타까운 일이다. 그렇다고 해서 향수업계가 백년이 흐른 후에 기념비적 차원에서 〈떼르 데르메스〉를 판매해야 할 의무가 있다곤 생각하진 않는다. 그러나 그것을 '존중'해야 할 의무는 있다고 본다. 물론 그라스에 있는 국제향수박물관만큼은 당연히 그렇게 해야 할 사명이 있지만. 나는 20대의 청춘 남녀가 어떤 향수를 선택하고 다른 향수들도 충분히 써 본 후에 60대가 되어서도 20대에 사용했던 향수와 똑같은 것을 다시 찾을 수 있으면 좋겠다는 생각을 해본다.

2010년 4월 22일 목요일, 무스띠에-생뜨-마리

향을 만드는 일

향수 컬렉션 개발에 함께했던 동료들이 최근 5년 동안 흔적도 없이 사라졌다. 나와 비전을 공유하고, '우리' 일의 성공적인 완수를 위해 머리를 맞대고 전략을 세웠던 동료들이 하나둘 자리를 떠난 것이다. 나는 혼란스럽다. 기업이라는 조직 사회에서는 한 사람이 같은 자리에서 일하는 기간이 매우 짧다. 직무라는 것이 다양한 일을 하는 것 같지만, 사실 일정 시간이 지나면 같은 업무가 반복되기 마련이다. 그러다 보면 권태감이 생기기 마련이며, 다루던 주제와 하던 일에 대한 흥미를 잃을 수 있으므로 변화가 필요하다. 아울러 경제적인 문제나 급여 문제를 떠나, 사람을 바꾸는 일은 어쩌면 새로운 시각을 받아들이는 가장 손쉬운 방법이 될 수도 있다.

하지만 나는 이와 같은 근시안적인 태도를 버려야 한다고 생각한다. 그보다는 기술을 수련하고, 연마하며, 심화하는 등, 직무의 가치를 높이는 일에 치중하는 보다 '효율적인' 방향으로 생각을 전환해야 한다고 생각한다.

조향사로서 나는 현재 어떤 직책을 맡고 있지는 않지만, 오랜 경험에서 우러난 지식과 노하우 그리고 숙련된 기술과 능력으로 내 일을 묵묵히 해내고 있다. 물론 이것만으로는 부족하다. 계속해서 능력을 인정받고 직무를 수행하기 위해서는 새로운 향수를 꾸준히 만들어야 하며, 같은 레시피를 반복해서는 안된다.

정량화할 수 있는 직무와는 달리, 조향사는 자신의 활동 영역을 부단히 새롭게 넓히고, 자신의 능력이 가진 한계를 계속해서 넘어서야 한다. 향을 만드는 일은 늘 새롭게 갱신하는 것이며 또한 성장하는 것이다.

2010년 4월 27일 화요일, 카브리

아이리스 유키요에

오늘은 〈에르메상스〉 컬렉션 중 하나가 될 신제품의 이름이 결정됐다. 오랫동안 '아이리스 유키요'와 '아이리스 유키요에' 중에서 고민하다가, 결국 두 번째 이름으로 결정된 것이다. '유키요'는 '떠다니는 세상'을 가리키는 단어다. 연약한 것들의 통렬한 아름다움에 대해 깊이 생각하게 하는 불교 철학에서 나온 말이다. 불교 철학은 세상이란 항상 변하고, 덧없고, 결국 사라지는 것이며, 모든 획일화된 기준에 저항하는 것이라고 가르친다.

이 '유키요'라는 단어는 향수에 대한 나의 비전을 잘 설명해 주고 있다. 그런데 여기에 '에'를 추가하면, 이 세상에 대한 회화적인 표현을 의미하며, 특히 일본 판화를 지칭한다. 이것의 표현 양식은 심지어 후각적이다. 판화는 우리에게 감흥을 주고 호기심을 불러 일으킨다. 이는 제국의 수도였던 교토에서부터 쇼군의 수도였던 도쿄까지 이어진 길을 잘 묘사한 『도카이도 53

『역참』 시리즈의 작가인 히로시게와 마찬가지로 계절과 꽃과 경치 그리고 여행과 같은 일상 생활 속의 소재를 선택했기 때문이다.

19세기 말 판화가들은 주제와 관점, 판화 전체에 걸친 단일한 색조의 사용, 장면의 연속 등의 기법을 반복적으로 사용함으로써 입체감과 규칙성을 나타내려 했다. 나는 병풍 중에서도 특히 겐지 이야기를 그린 병풍을 아주 좋아한다. 많은 병풍들이 귀족의 삶을 묘사하고 있다. 병풍의 구성은 기하학적이고, 격막과 금빛 구름들은 따로 떨어져 남녀가 일상의 유희를 즐기는 모습을 배치시킬 여지를 남겨 두었다. 지붕을 그리지 않아서 그들의 집안 한가운데를 들여다보고 또한 예술로 승화된 풍속의 은밀함에 가까이 다가갈 수 있다.

새로운 것을 배운다는 것

몇 달 전부터 업무를 위해서가 아닌 취미 생활로 이탈리아어를 다시 공부하기 시작했다.

아무 것도 모르는 초보자의 입장에 서 보는 것은 나름 즐거운 일이다. 언어든 또는 그 무엇이든, 무언가를 배운다는 것은 새로운 세상이 열리는 것이며 또한 겸손함에 대해 다시 생각해 볼 수 있는 여지를 준다.

나는 내 젊은 이탈리아어 선생을 높이 평가한다. 그는 니스에 있는 한 사립학교에서 가르치는데, 불어와 영어 그리고 스페인어 등 여러 나라 언어를 자유자재로 구사할 수 있다. 매주 화요일 오후만 되면, 그는 니스의 버스터미널에서 그라스행 버스를 타는데, 중간에 한 번 갈아타고 카브리에 도착한 후, 또다시 2km를 걸어야만 조향실까지 올 수 있다. 이렇게 오기까지 거의 세 시간이나 걸린다. 같은 길을 자가용으로 움직이면 보통 한 시간 이내로 올 수 있는데도 말이다. 그러니 이동이라기보다는 차라리 '여행'에 가깝다. 그럼에도 그는 시간을 빼앗겼다고 불평하지 않는다. 먼 경치를 바라보는 것에 기쁨을 느끼며 이동하는 차량에 몸을 맡긴다. 책을 읽기도 하고, 가끔은 학생들의 시험지도 채점한다. 이렇듯 불평하지 않고 만족하며 시간을 보내는 것이 내게는 대단히 매력적

대중에게 그 진가를 인정받지 못하는
조향사라는 직업에 대해 말하고
그것에 관한 글을 쓰는 것이
반드시 필요하다고 생각한다.
향수는 우리가 살면서 없어서는 안 될
꼭 필요한 것이므로.

© Richard Dumas

이면서 동시에 부러운 일이다.

우리가 함께 있는 두 시간을 매우 알차게 보내기 위해서는 집중해야 한다. "다행히 선생님은 음감이 있으시네요." 그가 내게 말했다.

나는 소리를 잘 기억하는 편이라 그가 말하는 것을 제법 잘 따라하며, 배운 단어도 정확하게 구사한다. 그런 내게 가장 어려운 일은 CD에 녹음된 대화를 듣는 것이다. 녹음 내용을 도중에 멈출 수 없기 때문에, 조금씩 끊어 재생하지 못하고 대화 내용을 끝까지 들어야 한다.

처음 몇 주간 너무 바쁜 스케줄 때문에 수업을 제대로 듣지 못한 나 자신에 대한 불만과 죄책감이 엄습해 왔다. 죄책감을 느낄 필요가 없다는 사실을 깨닫고 나서야 비로소 희열과 함께 스스로를 되돌아볼 수 있는 여유도 얻게 되었다. 학교 성적을 올리거나 임박한 시험에 대비하기 위해 공부를 하는 것이 아니라는 생각이 들자, 마치 한가로이 산책하듯 그저 내가 좋아하는 이 언어 속에서 유유히 거니는 순수한 즐거움만 남았다.

4월 말은 은방울꽃이 한창이다. 나는 몇 년 전부터 진행하고 있던 작업의 주제를 명확히 할 생각이다. 이번엔 도자기 꽃이다.

2010년 4월 29일 목요일, 카브리

평가

"**당**신은 우리처럼 냄새를 느끼지 않는군요!" 향수를 품평할 때마다 내가 얼마나 많이 듣게 되는 말인가? 우선 이 말을 들으면 여러분들은 내가 '특별한 코'를 가졌다는 것, 즉 내 코가 평범하지 않다는 것을 눈치챌 것이다. 이 말 한 마디 때문에 보시다시피 나는 홀로 정상에 서 있게 되었다. 그러나 다른 사람들의 이러한 평가는 달리 보면, 내 능력에 대한 모독이자 거부감으로 이해될 수도 있다.
"너는 달라. 너는 우리가 사는 세상과는 동떨어져 있어. 그러니 네가 어떻게 우리처럼 생각할 수 있겠니?"

그렇다. 나는 당신들처럼 냄새를 느끼지 않는다. 나는

향수를 만들기 위해, 오직 향수만을 위해 분석적이고도 체계적이며 객관적인 '코'를 가진 나 자신을 만들기 위해 노력해왔다. 열렬한 호기심의 소유자임에도 나는 오래전부터 새로운 향을 발견하는 것에 대한 열정을 잃어버렸다. 아마추어가 향수를 처음으로 맡고서 느낀 바를 표현할 때 그의 감정이 부럽다. 바로 내가 되찾고 싶은 사랑의 언어다.

기술적인 측면에 대한 지적이나 시장 상황에 따라 향수가 자리매김되는 것은 좋지 않다. 이런 의견들은 대부분 이미 내가 예상하고 있는 것들이다. 사람들이 맡아 보고, 판단해 보고, 써본 뒤, 즉 향수를 일단 '자신의 것'으로 만들어 본 다음, 아마추어의 단어, 다시 말해 자신의 '경험'을 통해 느낀 기쁨이나 불만에 대해 '말하고 묘사'해 주기 바란다.

2010년 4월 30일 금요일, 카브리

〈페미닌 H〉

배를 주제로 한 초벌들이 두 달째 테이블 위에 그대로 놓여 있다. 그중 마지막 초벌을 맡아 보니 내가 좋아하던 바로 그 향이 느껴진다. 안느에게 직사광선을 피해 벽장 안에 보관해 두었던 '시원한' 농축액을 다시 가져와 달라고 부탁했다. 이렇게 희석된 샘플은 날 것의 강한 냄새가 난다. 자연스러운 배향을 얻기 위해서는 알코올에 넣고 오래 숙성시켜야 한다.

이 향수의 목표는 상큼 발랄하고 귀여운 느낌이나 또는 매혹적이지만 약간은 차가운 느낌이다. 그래서 즙이 좀 더 풍부한 배의 향이 나오도록 배 조향을 바꾸고, 시프레 향을 조금 더 강화시켜 관능미를 강조한다. 초벌을 하나 선택하여 반 리터 정도 숙성시킨다.

세잔느 Paul Scézanne는 피사로 Pissaro에게 이렇게 말했다. "나는 사과 하나로 파리 전체를 깜짝 놀라게 만들고 싶다."

나 역시 향수를 만들 때 세잔느와 똑같은 욕심이 있다. 일상적인 냄새로 사람들을 놀라게 하고 마음을 흔들어 놓는 것이다.

2010년 5월 1일 토요일, 카브리

완벽함

프랑스를 좋아하는 미국인 제인과 함께 '완벽함'에 대해 이야기를 나누었다.

- 조향사가 백 점짜리의 완벽한 향수를 만들 수 있다고 생각하세요?
- 과연 그럴 수 있을지 스스로에게 끊임없이 물어보고 있기는 하지만, 나는 가능하다고 생각해요.
- 그렇다면 당신이 생각하는 완벽함에 대해 설명해 주실 수 있나요?
- 완벽함에 대한 정의는 한 마디로 말씀 드릴 수는 없어요. 내가 아는 한, 그리스도교 문화가 완벽함을 지향해야 할 목표로 설정했지만 반면에 여기에 도달

하는 것은 불가능하기 때문에 절제와 원죄라는 개념을 도입시켰다고 봅니다. 왜냐하면 그리스도교에선 오직 신만이 '절대적인' 완벽함을 소유하고 상징할 수 있기 때문이죠.

- 그건 좀 당황스러운 말인걸요. 완벽함에 도달하는 것이 사실상 불가능하다는 말로도 들리고요. 더 구체적으로 말씀해 주시겠어요?

- 서양에서는 그리스도교 문화가 생활과 문화 곳곳에 뿌리박혀 있어서 우리가 바라보고 판단하는 방식에 많은 영향을 미치지요. 동양 문화에도 완벽함이라는 개념이 있고 추구해야 할 목표로서 존재하지만, 완벽함에 도달하기 위해 절제를 해야 한다거나 죄의식으로 괴로워하지도 않습니다. 건축, 회화, 조각, 도예는 완벽함을 보여줄 경우 '국보'급으로 승격되지요. 뿐만 아니라 그것을 만든 사람들, 특히 특출한 기량을 보유한 예술가들은 '인간문화재'의 자격을 얻습니다. 프랑스에서도 박물관에 전시된 작품들을 '국보'라 부르죠. 다만 여기에서 국보가 가리키는 것은 단지 작품의 가치에만 국한되지요.

2010년 5월 7일 금요일, 카브리

장인과 예술가

에르메스는 장인 정신과 열정을 뽐내는 신제품 발표회의 리듬에 맞추어져 있는 회사다. 매해 두 번, 1월과 7월이 되면 에르메스에 소속된 모든 섹션의 장인들이 그들의 봄·여름과 가을·겨울 컬렉션을 에르메스 회장단과 임원진, 외국 디자이너와 장인 그리고 예술가들 앞에 선보인다. 7월이 다가오고 있다. 벌써 내년 시즌을 위한 준비들을 하는 모양인지, '장인과 예술가'를 주제로 글을 써 달라는 부탁을 받았다.

한 번도 나 자신을 장인과 예술가, 둘 중 어느 하나에 국한해서 생각해 본 적 없다. 향수 작업에 매진할 때는 내가 장인 같고, 온갖 상상력을 동원하여 새로운 향수를 만들 때는 예술가로 여겨진다. 결국 나는 이 두 가지 입장 사이를 끊임없이 조율하고 있는 것이다. 향수를 만드는 일이 창작 활동이라 해도 숙련된 기량이 없다면 좋은 향수를 만들 수 없다.

꼴로뉴 컬렉션을 만들 때면 나는 원료의 의미를 향수에 부여하는 장인이 된다. 이런 종류의 꼴로뉴를 만들 때면 반드시 들어가는 감귤류 에센스를 넣지도 않으며, 관례를 벗어날 때조차도 말이다. 나는 이렇게 과거 위생과 청결의 후각 지표였던 감귤류 향을 오늘날 합성 머스크의 또 다른 이름인 화이트 머스크로 대체하고, 그것을 기본으로 〈오 드 쟝띠안느 블랑슈 Eau de gentiane blanche〉를 만들었다.

그러나 오로지 에르메스 매장에서만 판매되는 〈에르메상스〉를 만들 때, 나는 하나하나의 원료에 철학을 담으며 예술가처럼 일했다. 만약 원료의 이름이 향수의 이름이 된다면 무엇보다 사실에 기초한 창작 활동을 해야 한다. 나는 진정한 현실과 있음직한 사실 사이에서 작용하는 이 '있음직한'이라는 단어를 무척 좋아한다. 이는 내 작품에 담긴 의미이기도 하다.

2010년 5월 11일 화요일, 카브리

기자들의 질문

나는 매주 이메일 인터뷰를 한다. 당연히 새로울 수밖에 없는 신제품의 런칭과 관련된 인터뷰를 제외하면, 인터뷰 내용은 거의 판에 박힌 듯 뻔하다. 주로 전망, 유행, 경향, 차기작, 영감의 원천, 경험, 고전 향수를 만들기 위한 착안점, 간직할 만한 향수의 추천, 내가 사용하는 향료, 마지막으로 내가 좋아하는 것과 싫어하는 것 등에 대한 질문을 받는다. 나는 고전 향수를 '시간이 지나도 변치 않는' 향수로 정의한다.

내가 늘 자발적으로 인터뷰에 응한 것은 아니다. 젊은 조향사 시절에는 인터뷰하는 것이 불편했다. 코는 향수병에 박고 일에만 몰두해 오던 나로서는 어떻게 대답해야 할지 몰랐다. 그러나 나이가 들수록 차츰 마음을 열고 사람들과 교류하기 시작했다. 내 행동을 다시 돌아보기 위해 한 발짝 뒤로 물러나 스스로를 평가하고, 한 걸음 더 나아갈 수 있는 계기라 생각하며 기쁜 마음으로 사람들의 질문을 받았다. 요즘은 오히려 내가 곧바로 답변할 수 없는 질문을 받기를 열렬히 바란다. 이런 질문을 받으면 한 번 더 생각해 보기 위해 마음속 깊이 간직하거나 기록하게 되기 때문이다. 이렇게 서로 소통할 수 있어야만 사람들이 향수의 진정한 가치를 알고 사랑할 수밖에 없게 된다.

패션 미용 잡지와 많은 블로그들이 향수에 대한 정보와 지식을 주고받는 현상은 고무적이다. 나는 사람들이 이와 같은 표현 양식과 더 친숙해 있다는 사실을 잘 알고 있다. 향수 애호가들은 자기가 느끼는 바를 글로 표현하고, 더 나아가 자신의 생각을 다른 이들에게 관철시키기 위해 향수에 순위를 매긴다. 그럼으로써 향수 애호가들은 다른 이들과 즐거움을 공유할 수 있지만 반면, 향수 중독 현상을 조장하는 측면도 있다.

2010년 5월 12일 수요일, 카브리

조향사의 하루

매우 다행스러운 일은 내게도 평범한 일상이 있다는 것이다. 요즘은 오전 8시 반에 사무실에 도착한다. 안느는 먼저 출근해서 큰 유리창의 블라인더를 올리고 컴퓨터와 복사기, 커피머신을 작동시킨다. 커피를 마시며 우리는 하루의 일과와 그날 방문하기로 예정된 손님들의 리스트를 체크한다.

책상 앞에 앉아 전날 작업한 향들을 테스터에 새로 적셔 다시 한 번 맡아 본다. 수정 사항이나 변경된 비율 그리고 더하거나 뺀 원료들을 기록해 둔다. 사이클 선수와 조향사에게서 공통적으로 보이는 '상체를 바짝 구부린 자세'를 피하기 위해, 서너 개의 주제를 동시에 작업한다. 종이에다 향수를 설계하는데, 내가 종이를 선호하는 이유는 포뮬러 전체를 한 눈에 볼 수 있고, 연필로 그때그때 주석을 달 수도 있기 때문이다.

조향사의 최종 목표는
이 독특한 냄새를 향수라는 '작품'으로
아름답게 변모시키는 것입니다.
자연은 우리의 감각으로 해독할 수 있는
냄새를 주었고, 교육을 받은 덕분에
우리는 이 냄새를 재해석할수
있게 되는 것입니다.
그러므로 이제 우리는 주제와 생각이라는
화두를 가지고 냄새에 우리 자신의 일부를
추가해야 합니다.

© Benoît Teillet

안느에게는 예산 산출을 먼저 해 보고, 만약의 사태에 대비해 규격에 부합하는지 컴퓨터로 체크해 볼 것을 부탁한다. 그리곤 향수 설계를 위한 수정 작업이 완료되면 수정지를 건넨다. 안느가 원료를 모아 포뮬러를 만드는 동안 나는 이메일을 체크하는데, 우선 스팸 메일부터 버리고 나서 메일을 읽고, 인터뷰에 회신을 보낸다. 작업은 빵떵Pantin에 있는 사무실과 통화할 때만 잠깐씩 중단된다.

이렇게 해서 초벌이 완성되면 뚜껑을 열고 코끝을 병에 푹 담그고 킁킁거리며 냄새를 맡는다. 향수와 한 몸이 되기 위해 허리를 굽히고 초벌향을 몇 초 동안 길게 들이마신다. 숨을 내쉬면서 허리를 다시 편다. 다시 맡아 본다. 초벌들을 비교하는 내 코는 재빨리 이 샘플에서 저 샘플로 옮겨 다닌다. 그렇듯 모든 향을 음미한 후에 나는 취할 것만 단호하게 선택한다.

마지막으로 포뮬러에 평가를 기록한 뒤 수정 작업에 들어간다. 이제 새로운 작업이 시작되는 것이다. 시간에 따른 향의 변화 과정을 살펴본다. 혹시 발생할지도 모를 조향 과정에서의 오류를 수정하기 위해 적어도 하룻밤 정도는 선택된 초벌들을 테스터 함에 보관한다. 때로 내 생각을 정확히 정리할 수 없는 경우도 있다. 이럴 때에는 며칠 동안 작업을 중단한다. 작업에 따라 초벌 수도 한두 개에서부터 수백 개에 이르기까지 다양하다. 양은 질과 아무런 상관이 없고 그 역도 마찬가지다. 우리는 한 시간 정도 점심시간을 가지며 휴식을 취한다. 그런 다음, 조향실을 나와 산책 시간을 갖는다. 이렇게 하다 보면 검사 장치와 다름없는 내 코를 환기시키고 생각을 정리할 수 있다. 오후에도 오전과 비슷한 일과를 보낸다. 때로는 작업과 테스트에 집중하다 보면 시간이 가는 줄도 모른다. 안느도 신경 쓰지 않고 묵묵히 따른다. 하지만 대개의 경우, 필요하다고 해서 아이디어가 불쑥 떠오르는 것은 아니다.

2010년 5월 14일 금요일, 파리

원료 규제에 관한 생각

라뒤레Ladurée에서 점심을 먹을 때면 누릴 수 있는 나름의 특권이 있다. 미리 주문해 놓기만 하면 식사를 마친 후 기다릴 필요 없이 이 집 마카롱macaron을 계산대에서 곧바로 가져갈 수 있다. 원하는 마카롱의 맛과 개수를 적은 주문지를 종업원에게 미리 부탁해 두면 된다. 그렇게 주문된 마카롱은 나갈 때 준비된다.

우리는 캐러멜, 버터, 커피, 프랄린, 초콜릿, 라스베리, 오렌지 꽃, 은방울꽃, 미모사 맛 마카롱 24개 들이 한 상자를 주문했다. 한번은 아내가 미모사와 은방울꽃 맛에 대해 궁금해 하면서, 이미 존재하는 향과 전혀 다른 맛을 내는 일이 가능한지 내게 물어본 적이 있었다. 사실 아내는 맛과 향을 혼동하고 말한 것이다. 나는 향수에서 쓰는 '엠버'는 본래 천연 향이 아니라고 말해 주었다. 엠버는 바닐린과 랍다넘 고무를 합성한 향인데, 아마도 혼합된 색깔 때문에 그런 이름이 붙여진 것 같다.

오늘날은 모든 것이 추적 가능할 뿐 아니라 또한 모든 것을 증명해야 하는 시대다. 따라서 새로운 맛이나 새로운 향의 지평을 여는 일은 거의 불가능하다. 향수의 엠버 향이나 코카콜라 맛과 같은 혁신적인 향을 개발한다는 것은 이제는 무모한 도전이지만, 해낼 수만 있다면 그야말로 위업이다. 원료와 관련하여 몇 년 전만 해도 그럴듯한 설명을 하면 됐지만, 이제는 완벽하게 증명해야 하는 시대로 변해 버렸다. 식품의 경우, 과거에는 정보 제공 차원에서 표시된 설탕, 소금, 지방의 함량이 이제는 의무 사항으로 규정되었다.

향수의 경우도 마찬가지다. 향수의 성분 중에서도 동물성 원료의 대부분은 윤리적인 이유에서 더 이상 사용할 수 없다. 또한 아프리카 지역 생산자의 수입을 은근 슬쩍 갈취한다는 이유에서, 더 나아가 그들을 더 극심한 가난의 구렁텅이로 빠뜨린다는 명분때문에 아프리카산 원료는 사용할 수 없게 되었다.

일부 향수 원료는 독성 문제가 단 한 번도 제기된 적이 없는데도 사전 예방 차원에서 더 이상 쓸 수 없게 되었다. 그런데 더욱 놀라운 사실은 이러한 원료들의 경우, 안전성이 객관적으로 입증되지 않은 상태에서 무독성 테스트만 거친 채, 신제품으로 출시되기도 한다는 점이다. 이처럼 보다 은밀한 방식으로 시장을 규제하는 것은 시장 규제를 합리화하는 것이지, 향수의 올바른 선택권을 보장해 주는 것은 아니다.

우리 시대에 만연한 병적인 두려움 때문일까? 창의성에는 전혀 도움이 되지 않고 오히려 족쇄를 채우는 이러한 과도한 규제에 대한 책임은 우리 모두에게 있다.

2010년 5월 17일 월요일, 파리와 장블루Gembloux 에서

만찬

삐에르 가녜르Pierre Gagnaire가 리에쥬Liège 근교에 있는 장블루에서 지인들이 참석하는 저녁 만찬을 연다고 한다. 참석자의 면면을 보니, 작가와 다양한 분야의 박사님들 그리고 대학 총장들이 모두 모이는 자리가 될 것 같다. 나는 반갑고도 끌리는 마음에 즉시 초대에 응하고 리에쥬로 가기 위해 월요일 오후, 북역으로 향했다. 기차에서 나는 그 자리에 초대받은 또 다른 손님을 만났다. 우리는 이동하면서 함께 담소를 나누다가 무엇이 우리를 기다리고 있는지 전혀 모른다는 사실을 깨달았다. 하지만 우리는 가녜르에 대한 우정과 호기심으로 기쁘게 이 초대를 수락한 것이다. 리에쥬 역에 내리니 어느 운전기사가 우리를 기다리고 있다가 장블루 농과대학으로 안내했다.

캠퍼스를 돌아본 후, 우리는 열대식물로 가득한 온실로 안내를 받았다. 그곳에서 삐에르 가녜르와 실비 가녜르가 우리를 맞이했다. 마치 여행으로 초대한 양

독특한 장식이 있는 무대가 설치되어 있었다. 가스레인지 하나와 조리대 역할을 겸할 테이블이 손님들이 앉을 테이블 앞에 놓였다. 뒤로는 개수대, 냉장고, 접시와 잔 그리고 식기류와 조리 용품들을 정돈해 두기 위한 연목재 찬장 몇 개가 있었다.

만찬에 초대받은 손님들은 단순히 관객이 아닌 그와 더불어 이날 저녁의 '배우'가 되는 것이다. 극의 제목은 《미각의 행복을 위하여》다. 각자의 느낀 점을 기록할 수 있도록 작은 수첩과 연필이 앞에 놓여졌다. 강렬한 경험을 하면서 동시에 그 느낌을 모조리 기록하는 것은 불가능한 일이므로, 나는 오늘 저녁 많이 적지는 않을 것이다.

저녁은 부드럽고 시큼한 맛의 미묘한 조합인 타르타르소스를 뿌린 작은 바닷가재와 석류로 시작하여, 마치 생선의 부드러운 살이 초록색 쐐기풀로 변장을 한 듯 쐐기풀 소스를 입힌 부드러운 생대구 가슴살로 넘어갔다.
다음으로는 버섯 요리의 맛과 감초나무의 쓴맛이 완

벽한 조화를 이루는 감초향이 섞인 신선한 삿갓 버섯 그리고 주키니 꽃으로 장식한 흰색 아스파라거스가 뒤를 이었다. 우리는 부드러우면서도 살짝 쓴맛을 즐겼다. 완두콩과 누에콩 스프, 카스토레움^{castoreum} 맛과 올리브를 곁들인 자줏빛 라비올리, 동물적인 느낌마저 드는 와인과 라즈베리가 곁들여지면서 식사가 길어졌다.

드디어 코스의 사분의 삼을 마쳤다. 삐에르 가녜르는 요리를 하느라 정신이 없었다. 냄비에 코를 박고 냄새를 들이마시면서 소리를 듣더니 다시 제자리에 놓고, 온도를 맞추기 위해 내용물을 손가락으로 휘휘 저었다. 그의 모든 감각이 살아서 꿈틀대고 있었다. 우리끼리 이야기를 나누기도 하고, 그와 함께 대화를 나누기도 하고, 또 간간이 박수와 브라보와 환성이 터져 나오기도 했다. 누가 봐도 힘이 빠진 모습을 한 것이 딱 하나 있다면, 그것은 점점 엉망이 되어 가는 그의 머리카락이었다. 그가 얼마나 애쓰는지 또한 얼마나 기뻐하는지 잘 말해 주고 있었다. 그는 심지어 앞치마도 몇 번이고 바꿀 수 있을 것처럼 활기차 보였다.

식사가 저녁 9시에 시작되었는데, 지금 시간이 새벽 2시다. 아름다움에 대한 우리의 욕구는 질리지만 않는다면 '상상력'이라는 무한한 메뉴로 채워진다. 디저트는 소박하게 끝났다. 오늘처럼 푸짐하게 먹고 난 후에는 단것은 자제해야 한다. 삐에르는 5시간 동안 무대를 떠나지 않았다. 5시간의 만찬. 그는 배고픔을 채우기 위해 요리한 것이 아니다. 그의 요리는 마치 사랑을 속삭이는 것과 같았다. 예술이란 분명 이런 것이다.

2010년 5월 28일 금요일, 기내로부터 카브리까지

불쾌한 냄새

기내의 옆자리 여자 승객에게서 반 클리프 앤 아르펠의 〈퍼스트〉 냄새가 났다. 옷에 밴 담배 냄새를 향수가 간신히 가려주고 있었다. 옆에 있던 그녀의 남편은 딸꾹질로 간간히 몸이 흔들리는데, 소화가 채 안된 마늘 냄새를 내뿜었다.

나의 날카로운 후각은 다소 은밀하고 심지어는 감추

어진 냄새까지도 지각하고 식별한다. 내가 알코올, 담배, 땀, 입김 혹은 강한 음식 냄새를 구별하지 못하는 경우는 거의 없다. 이 냄새들을 식별하는 것이 내게는 쉬운 일이며, 그다지 혐오감이 느껴지지도 않는다.

우리가 받아들이는 이미지는 대개 외부 영역에 그대로 머무른다. 그러나 냄새만큼은 우리를 꿰뚫고 들어온다. 사적 영역의 침해로까지 비춰지는 냄새의 '침투'를 연구하는 심리학자들은 어떤 냄새에 대해 느끼는 즐거움이나 불쾌감 혹은 혐오감이야말로 감정이 가진 원초적 성질이라고 설명하기도 한다. 일상에서 우리는 다른 사람들의 냄새보다 우리 자신이나 가까운 사람들의 냄새에 관대한 편이다. 하지만 그들도 먹고 배변과 배뇨를 하고 땀을 흘리고 섹스를 하며, 다른 모든 이들처럼 똑같이 살아간다. 사실 우리가 싫어하는 냄새들은 대개 음식 냄새다. 이것이 우리의 체취를 만들며, 그 결과 우리와 다른 음식 문화에 속하는 사람을 무의식적으로 멀리하게 되는 것이다. 아이의 기저귀를 갈면서 나는 깨끗이 씻긴 이 따뜻하고 작은 몸 깊숙한 곳에서 나는 조그만 냄새라도 기꺼이 맡는다. 죽과 이유식을 먹으며 자라는 아이의 냄새는 가족의 냄새에 더해지고, 조금 더 크면 가족의 음식 냄새도 날 것이다.

오래된 미국 영화에서 보면, 여자가 욕실에 한 번 들어가면 오랫동안 준비를 하는 장면이 항상 나오는데, 그것을 볼 때마다 나는 이상하다는 생각이 들곤 했다. 파트너가 샤워를 하고 냄새를 없애고 향수를 뿌리고 돌아오는 동안, 남자는 침대에서 기다리는 장면이었다. 1950년대 영화에서처럼 이렇듯 지나치게 수줍어하는 영화와 함께 알베르 꼬엥Albert Cohen의 소설 『영주의 애인Belle du Seigneur』이 떠오른다. 소설 속에서 아리안과 솔랄은 결코 식을 줄 모르는 사랑과 열정적인 만남이 영원히 지속되기를 바란다. 그런데 여기에서 순결함을 드러내는 방식이란 육체의 냄새를 깨끗이 씻어 없애는 것이다.

> 그녀는 감사하다며 깨끗한 물로 다시 목욕을 한 후, 나중에 답변을 주겠노라고 말한

다. 아무렴. 냄새가 없는 목욕 말이다. 조금 전의 목욕물에서는 소금 냄새가 너무 심하게 났다. […] 쉬지 않고 씻고, 하루에 두 번 제모하며, 항상 아름다운 상태를 유지하는 것, 이것이야말로 석 달 전부터 그녀가 사는 목적이었다.

다른 기억도 난다. 지금으로부터 2년 전, 나는 라벤더로 뒤덮인 들판도 보여줄 겸, 끌라리 싸주Clary Sage의 향을 맡아 보도록 방문객들을 모시고 7월 경에 오뜨 잘쁘Hautes-Alpes로 여행을 떠난 적이 있다. 아름답고도 엄숙한 그곳에 도착한 방문객들 중 어떤 이들은 바람을 타고 코끝으로 불어닥친 끌라리 싸주 냄새보다는 사람의 땀 냄새가 차라리 좋다며, 냄새를 피해 재빨리 버스에 올라타기도 했다. 나는 꽃에서 나의 야수성과 생명의 유한함 그리고 삶의 냄새를 찾을 수 있어서 행복했는데 말이다.

그렇다. 나는 뭐라 딱히 표현하기 어려운 냄새나 저속하거나 심지어 불쾌감마저 느끼게 하는 그런 냄새를 좋아한다. 조향사로서 나는 이런 냄새를 즐겁게 가지고 논다. 우리 몸이 지니는 냄새를 드러내거나 가려주는 분자와 엑기스들만큼이나 자작나무 진, 카스토레움, 아틀라스 삼나무, 사향고양이, 쿠민, 인돌, 재스민, 랍다넘 고무, 오크나무 이끼, 끌라리 싸주, 스카톨 등이 내뿜는 악취를 즐긴다.

반 클리프 앤 아르펠의 〈퍼스트〉에서 〈부아야쥬 데르메스〉에 이르기까지, 향수를 만들 때마다 나는 우리의 체취와 같이 가장 은밀한 냄새가 두드러진 향수를 만드는 즐거움을 기꺼이 누려왔다.

에드몽 루드니츠카

나는 아버지로부터 1966년 어느 날, 검은색 바탕의 표지에 꽃다발이 그려져 있는 소책자를 받았다. 그런데 바로 그날, 에드몽 루드니츠카를 만났다.

독일 향수 회사인 드라고코 Dragoco가 발행하는 잡지인 「드라고코 리포트 Dragoco Report」는 전 지면을 조향사

나의 바람 중 하나는
그 시절의 여러 포물러가
언젠가는 연구되고 대중 앞에
소개되어, 향수가 복잡한 지적
활동의 결과이자 영혼의
소산이며, 우연히 만들어진
혼합물이 아님을 보여주는 것이다

© César-Luc Adamo

에드몽 루드니츠카에 할애할 정도였다. 주제는 '젊은 조향사와 향수'였다. 그가 바로 크리스띠앙 디오르Christian Dior의 〈오 쏘바쥬Eau Sauvage〉를 만든 조향사라고 말하면 이해가 훨씬 더 빠를 것 같다. 때마침 그의 아들과 잘 알고 지낸 덕분에 나는 몇 달 후, 에드몽 루드니츠카를 카브리에 있는 그의 집에서 만날 수 있었다. 그가 나를 환영했다는 것 말고는 첫 만남에 대한 특별한 기억은 없다.

1970년대 말, 조향사로서 나름 풍부한 경험을 쌓기 시작한 나는 그를 다시 만나고 싶었다. 머릿속으로 수줍음을 털어내고, 우리가 만나 이야기를 나눌 때 그와 격이 맞는 대화를 나누는 내 모습을 상상해 보았다. 나는 전화로 약속을 잡았다. 그의 아내인 떼레즈가 오후 4시를 제안했는데, 아울러 《숫자와 문자 Des chiffres et des lettres》라는 텔레비전 퀴즈 쇼가 시작되기 전까지 무조건 용건을 끝내야 한다는 조언까지 덧붙였다. 그는 이 프로그램을 죽을 만큼 좋아하기에 그 시간만큼은 반드시 혼자 시청한다는 것이다. 그래서 정확히 오후 4시에 방문했다. 그는 문을 열고 인사를 건네자마자 곧바로 나를 꾸짖었다. "당신한테서 세탁 세제의 고약한 머스크 냄새가 나는군! 옷에 쩐 악취를 제거한 뒤 내일 다시 오시오!"
문전박대를 당하자 좀 당황스럽기는 했다. 그렇다고 그를 만나겠다는 내 의지가 약해진 것은 아니다. 다음날, 그 전날과 같은 차림으로 다시 찾아갔고, 그는 이번에는 친절하게 맞이했다.

정원과 같은 층에 있음에도 그의 사무실로 가려면 한 층을 내려가야 했다. 현관에는 조그만 원탁이 있고 그 위에 향수 테스터가 놓여 있었다. 방은 넓었고 큼지막한 유리창이 정원을 향해 열려 있었다. 책상 위에는 향수병도 테스터도, 방의 중성적인 냄새를 방해하는 그 어떤 것도 없었고, 그저 종이 몇 장과 연필만이 덩그러니 놓여있을 뿐이었다.

그는 자신의 애완견 차우차우를 자랑스럽게 소개하며, 샴푸 후에는 냄새를 없애기 위해 매번 식초 물로 헹군다고 설명했다. 솔직히 개에게서 심한 악취가 났지만 나와 무슨 상관이랴. 나는 세탁 세제 냄새로 쩐 내 옷에 대한 논쟁의 덫에 다시 걸리고 싶지 않아, 아무런 지적도 하지 않았다.

그는 '단순함', 즉 플라톤이 말했던 '형태' 그리고 그 자신이 만들어낸 '퀄리어qualia'라는 개념에 대해 설명해 주었다. 퀄리어란 최종적으로 얻고자 하는 향의 컬러 차트(색상표)를 만들기 위해 향료가 지닌 냄새의 이미지를 시각화한다는 생각이었다. 그리하여 우리는 시든 장미와 사케의 냄새가 합성된 페닐에틸알코올 향의 이미지를 시각화하는데 가장 적절한 단어가 무엇인지를 고민하면서 꽤 오랜 시간을 함께 보내곤 했다.

하지만 무엇보다 가장 인상적이었던 것은 나를 문 앞까지 배웅하면서 그가 보여주던 공연이다. 자신의 꿈이 바리톤이 되는 것이었다며, 그는 오페라 아리아를 매번 불러 주었다.

그 후로도 우리는 자주 만났다. 그러던 어느 날, 한 조향 전문 잡지에 실린 그의 논평을 읽고서 그를 '독단적'이라고 비난하는 장문의 편지를 그에게 보냈다.

내가 보기에 그것은 논평이라기보다는 불안감 내지는 시기심이 드러난 글이었기 때문이다. 그는 "무슨 일 때문에 그리도 열을 올리느냐?"며 매우 냉랭한 답장을 보냈다. 더 이상 나를 같은 편이라 생각하지 않을 것이며, 우리의 관계는 여기서 끝이라는 뜻이었다. 그 사건이 있고 나서 3년 후, 다행히 그와 나를 잘 아는 한 친구가 오해를 풀어 주었고, 우리가 다시 만날 수 있도록 자리를 마련해 주었다. 에드몽이 나를 자신의 집으로 다시 초대한 것이다. 우리는 다시 대화를 나누었다. 그는 젊은 마케팅 디렉터들과 소통하는데 너무도 큰 어려움이 있음을 토로했다. 그에게 향수는 '예술'이기 때문이다. 그가 유일하게 듣고 싶은 것은 스폰서가 승인했다는 소식이었다. 그러한 그가 이러쿵저러쿵하는 마케터들의 말에 어떻게 귀를 기울일 수 있었겠는가?

그에게서 물려받은 가장 고귀한 유산은 최소화한 하나의 컬렉션으로부터 간단한 포뮬러를 조향함으로써 얻어지는 '단순함'을 추구하려는 '의지' 그리고 '형태'의 개념이다. 그의 엄격함보다는 까다로운 철두철미

함이 나는 더 좋았다. 다만, 그와 내가 다른 점이 있다면, 그것은 내가 향들간의 관계를 더욱 중요시해야 한다는 확신을 가지고 있으며, 비율을 중시하는 고전적인 조향 방식에서 벗어나고자 애쓴다는 점이다. 그와 마찬가지로 나 역시 대중에게 그 진가를 인정받지 못하는 조향사라는 직업에 대해 말하고 그것에 관한 글을 쓰는 것이 반드시 필요하다고 생각한다. 향수는 우리가 살면서 없어서는 안 될 꼭 필요한 것이므로.

자산

나에게 영향을 미친 문화적이고 정신적인 자산에 대해 말한다면 에드몽 루드니츠카에 대한 기억을 떠올리게 된다. 우리 아버지도 조향사이긴 했다. 하지만 우리는 한 번도 아버지가 집에서 자신의 일에 대해 이야기하는 것을 들어본 적이 없다. 그것은 아버지의 성역이었으므로 감히 입에 올릴 수 없었다. 아울러, 냄새와 관련된 어렸을 적 기억에 대해 생각나는 부분은 식사 직전, 식탁에 놓인 모든 음식과 음료에 코를 대고 냄새를 맡는 습관을 가진 아버지를 무의식적으로 따라 했던 것이다. 과일, 요리, 샐러드, 프렌치드레싱, 빵 한 조각, 와인 한 잔, 심지어 물 한 잔까지도 일일이 냄새를 검증하는 순간을 피해갈 순 없었다. 어머니는 이런 관행을 싫어하셨기에 그와 같은 행동이 예의범절에 어긋남을 우리에게 주입시키려 하셨다. 하지만 우리 앞에 보이는 시각적인 이미지만큼이나 숱한 냄새가 지나갈 때면, 나는 코의 기능이 얼마나 중요한지 다시금 깨닫곤 했다.

1950년대 후반에 어머니는 〈마담 로샤Madame Rochas〉를 뿌렸다. 오늘날의 기준으로 이 향수를 평가하자면, 약간 진부한 플로랄 향과 엠버 향의 아름다운 결합이라 할 수 있다. 그 당시 내가 어머니의 향수에 대해 가지고 있던 이미지는 '너무 진하다'는 것이었다. 이 향수에 대해 나는 거리감을 느꼈고 따라서 경외심을 품고 있었다. 이따금 욕실에서 조심스럽게 향수병을 열 때마다 나는 풍부하고 부드러운 장미향과 바닐라향이 밴 오래된 종이의 냄새를 맡곤 했다. 그 냄새는 매우 흥미로웠으며, 나는 오직 한 종류의 향수만을 고

집하는 우아하고 당당한 부르주와 여성의 모습을 간직하게 되었다. 나는 어머니가 다른 향수를 쓰거나 혹은 어머니에게 다른 향수를 쓰게 하는 것은 상상조차 할 수 없었다. 만에 하나 그리 된다면, 그 어머니는 더 이상 우리 어머니일 수 없다고 생각할 정도였다.

후각 능력은 무의식적으로 물려받는 것이다. 여름이면 우리 할머니는 이웃 농부들에게 꽃 따는 것을 도와 달라고 요청하곤 했다. 나는 종종 할머니를 따라가 재스민 꽃길 사이에서 놀며 아침나절을 보내곤 했다. 꽃 따는 여성들의 세계에서 나는 보호의 대상이었다. 더욱이 정오가 되어갈 무렵이면, 다들 내 바구니에 몇 움큼씩의 꽃을 넣어 주며 나를 잘 대해 주었다. 덕분에 나는 채집한 꽃들의 수량을 매일같이 수첩에 적는 주인 앞에 당당하게 나설 수 있었다. 꽃을 따는 사람들은 월말이 되어서야 급여를 받았다. 그 이후부터 나는 땀과 재스민 꽃의 향기가 뒤섞인 맨팔의 냄새보다 더 향긋하고, 더 관능적인 향수를 맡아 본 적이 없다. 그러고 보면, 나는 향수 냄새와 여성의 냄새를 동시에 맡았던 것이다. 하지만 그때는 알지 못한 채 어린 시절을 흘려보냈다.

앙뚜안 쉬리의 향수 회사에서 3년 동안 일한 후, 나는 1960년대 후반에 지보당Givaudan의 조수로 들어갔다. 나의 일은 세 명의 조향사가 만든 포뮬러의 무게를 재는 것이었다. 덕분에 향수 포뮬러를 쓰는 다양한 방식을 배울 수 있었다. 베이스와 함께 수십 개의 성분들을 포함하는 수십 개의 원료들을 조합해서 만든 포뮬러와, 당시로서는 새로운 형식의 포뮬러로서 자체에 베이스를 포함하고 있으며 이틀의 준비 과정이 필요한 서브 포뮬러 그리고 50여 개의 성분과 약간의 베이스를 포함하는 포뮬러 가운데 내가 선호하는 방식을 금세 발견했다. 복잡한 포뮬러들이 가늘고 빽빽한 손글씨로 쓰인 바람에 그것을 일일이 읽느라 무게 다는 일이 항상 지체되었다.

훗날 내가 조향사 견습 생활을 시작했을 무렵, 아버지는 서류 파일 두 개와 포뮬러가 담긴 상자 하나를 물려주셨다. 비록 구두 상자처럼 생겼지만 아버지는 내게 주시기 전에 매우 세심한 정성을 들여 준비하셨다. 각각의 포뮬러는 흰색 종이에 타이핑되어 있었고, 알파벳순이나 숫자순으로 분류되어 있었다. 당시 풋내기 조향사였던 나는 보물 같은 재산 목록을 훑어보았다. 장미차와 오포파낙스Opopanax, 엠버 이끼, 꽃과 같은 것은 이름만으로도 쉽사리 연상되었다. 하지만 포뮬러는 생소하기 이를 데 없었다. 그것들이 분명히 복잡하다는 것은 어렴풋이 느낄 수 있었다. 하지만 어떻게 읽어야 할지 모르는데다, 더 난감한 것은 냄새로만 포뮬러를 기억해야 한다는 점이었다. 1968년을 겪는 한 젊은이에게 이 포뮬러는 당시 사회 분위기가 그랬듯이, '내다 버리고 싶은' 과거의 일부였다. 나는 그것에 더 이상 눈길도 주지 않고 그저 플라스틱 상자 안에 고이 모셔 두었다.

그러나 지금의 나는 심지어 19세기 후반부터 현재까지 만들어진 향수들, 즉 오래된 수첩 속의 포뮬러를 다른 시각으로 읽고 있다. 나의 바람 중 하나는 그 시절의 여러 포뮬러가 언젠가는 연구되고 대중 앞에 소개되어, 향수가 복잡한 지적 활동의 결과이자 영혼의 소산이며, 결코 우연히 만들어진 혼합물이 아님을 보여주는 것이다.

2010년 6월 8일 화요일, 카브리

어느 오후의 방문객들

오늘 조향실에서 세 명의 젊은 조향사들과 몇 시간 동안 만나, 이런저런 이야기를 나누기로 했다. 한편으론 설레기도 하고 걱정스럽기도 하다. 걱정이 엄습한 이유는 다른 조향사의 작품을 비판하는 것이 못내 불편하기 때문이다. 나는 그들이 스스로의 견해를 표현할 수 있도록 도와줘야 하는 입장이다. 그럼에도 내 견해를 먼저 말하고 나서 그들이 의견을 말할 기회를 주곤 한다. 그들이 과연 자신들이 만든 향수를 오늘 가지고 올지 모르겠다.

그들은 정시에 도착했다. 응접실에 자리 잡기 전에 먼저 조향실로 안내했다. 얼마나 궁금해하고 설렐지, 그들의 심정은 누구보다 내가 가장 잘 알고 있었다. 내가 에드몽 루드니츠카의 조향실을 처음 방문했을 때의 느낌과 루드니츠카와 그가 만든 향수를 이해하기 위해 조향실 곳곳의 아주 사소한 부분까지도 분석하던 옛 추억이 떠올랐다.

우리는 다시 사무실로 쓰이는 응접실로 돌아왔다. 그

들은 마케팅 팀이나 관리팀과의 갈등 처리 방식에 관한 많은 질문을 쏟아냈다. 나는 우리 회사의 마케팅 팀의 명칭이 '향수 컬렉션 개발팀'이며, 이 팀은 어떤 향수를 출시할 것인지를 선택하는 문제에 관한 어떠한 결정권도 없다고 말해 주었다. 우리가 만든 향수가 시장의 요구에 맞는 향수인가를 평가하는 담당 부서도 없다는 점도 설명해 주었다. 팀원들 각자가 느끼는 바를 함께 공유하고 좋은 의견을 듣는 것이 행복한 일이긴 하지만, 내가 만든 향수의 진정한 심판관은 나일 수밖에 없다는 점 또한 말해 주었다.

그들은 사무실의 냉장고 안에 보관되어 있던 다른 브랜드의 향수들을 보더니 그에 관해서도 질문했다. 대부분 최고급 향수들이자 역사적으로도 의의가 있는 향수들이며, 따라서 그쪽에 내가 만든 향수도 있으면 좋겠지만, 있을 수도 없을 만큼 명품 중의 명품 향수들이라고 답했다. 더욱이 미적인 면에서도 그렇다고 덧붙였다. 내가 향수를 명품으로 평가하는 기준은 잔향, 품위, 풍모, 확산, 예술성, 명료함 등이다.

나는 〈디오리시모〉의 병을 보며 말했다. "이 향수는 내가 기준으로 삼는 향수들 중 하나입니다. 아니, 그 이상입니다. 냄새와 향수의 차이가 무엇인지를 가장 잘 보여주고 있기 때문에 내가 존경하는 작품이지요. 원래 이 향수는 은방울꽃 냄새를 가지고 만들어졌어요. 조향사의 최종 목표는 이 독특한 냄새를 향수라는 '작품'으로 아름답게 변모시키는 것입니다. 자연은 감각으로 해독할 수 있는 냄새를 우리에게 주었고, 교육을 받은 덕분에 우리는 이 냄새를 재해석할 수 있게 되는 것입니다. 그러므로 이제 우리는 주제와 생각이라는 화두를 가지고 냄새에 우리 자신의 일부를 추가해야 합니다. 우리의 바람 그리고 가장 말하기 어려운 우리의 개성을 말이죠. 향수를 만들 때, 나는 장황한 이야기를 만들어 냅니다. 여러분도 한번 똑같이 해보기를 권합니다. 이야기는 향수를 만드는 과정에서 우리 자신의 일부를 드러내 줍니다. 이야기가 향수를 만들기 전이든 혹은 만드는 과정이든, 그도 아니면 향수를 만든 이후에 쓰였든, 그것은 우리의 이야기이므로 전체 중 일부만 표현하더라도 창조의 과정을 뒷받침합니다."

그들은 어떤 작품도 내게 가져오지 않았다. 나는 다른 조향사의 향수를 맡아 보고 판단해야 하는 것이 얼마나 난처한 일인지를 설명하고는 그들에게 고맙다고 말하며 헤어졌다.

2010년 6월 9일 수요일, 카브리

기억

「르 누벨 옵세르바뙤르」의 기자가 '기억'에 대한 기사를 취재하기 위해 내일 전화 인터뷰를 가지고 싶다는 메시지를 보내왔다. 내 기억력을 완전히 신뢰하진 않지만 그럼에도 그것 덕분에 일하고 있다.

견습생 시절, 나는 암기력 테스트를 준비하곤 했다. 컬렉션에 있는 각각의 원료에 미리 적셔 두었던 십여 가지의 향 테스터를 만들고, 그것을 일일이 맡아 보고 알아맞히는 훈련이었다. 하루 일과는 누가 제일 먼저 원료의 이름을 맞추는가로 시작했다. 이렇게 우리는 100개, 200개 심지어 1,000개나 되는 향을 외웠고, 자신의 대단한 암기력에 뿌듯해 했다. 그러나 향을 식별하는 데는 다들 귀재였지만, 향의 성질은 전혀 몰랐다. 어떤 향에 이름을 붙이는 것만으로는 그 향의 성질이나 한계 혹은 그것의 가능성을 충분히 이해했다고 볼 수 없다.

향에 대한 모든 것을 알고 싶은 나머지, 나는 '무지의 용기'를 발휘하여 모든 향을 하나하나 수첩에 적으며 채워 나갔다. 향을 타입, 계열, 알파벳, 성능을 기준으로 분류했다. 기록하는 습관은 확실히 기억력을 향상시키는데 도움을 주었다. 때론 어떤 생각을 골똘히 하며 이 수첩을 훑어보지만 답을 찾는 경우는 극히 드물었다. 그럼에도 나는 적는 습관을 버리지 않았다.

나는 수첩에 분류하여 적어 놓은 향의 새로운 면모를 끊임없이 알아간다. 향이라는 것은 모호하며 그 윤곽조차 분명히 알아내기 어려운 대상이다. 향은 향수를 만들기 위해 쌓아올리는 레고 블록이 아니다. 그것은 내가 이해하기 쉬운 것으로 만들고자 애를 써야 하는 '비물질적인' 대상이다.

2010년 6월 10일 목요일, 카브리

향이라는 대상

어느 기자에게서 전화 한 통을 받았다. 나는 그의 인터뷰 요청에 응하고, 향료를 사용하는 방법에 대해 장황하게 설명했다. 코로 맡겨진 향은 기억에 오래 남지 않는다. 향을 기억하는 것은 그 향에 시각적인 '이미지'를 그려 주는 일이며, 더 정확히 말하면 감각할 수 있는 단순한 형태가 아닌, 향을 이용하고 다루기 쉽도록 그 특성이 잘 드러나고 이해하기 쉬운 '대상'으로 만드는 것이다.

내가 자유자재로 다룰 수 있는 원료는 수백 가지가 된다. 어느 정도 연륜이 쌓이면서 향이라는 대상을 친숙하게 다루기 위해 컬렉션의 수를 200개 이하로 줄였다. 풋내기 조향사였던 내게 향은 분명치 않았으며, 그것을 묘사하는 나의 어휘는 보잘것없고 제한적이었다. 지금은 향에 묻혀 지내는 것이 내 일상이 되어 어휘가 더 명료하고 풍부해졌다.

천연 제품은 까다로워 다루기가 어렵다. 천연 원료는 완벽히 정의되어 있어서 독창성을 발휘하기 어렵고 형태를 함부로 바꿀 수 없다. 하지만 다른 한편으로는 매혹적이고 은은하며 세련된 향 그리고 때론 내가 표현하고 싶은 향수의 원료로 쓰일 수 있는 장점이 있다.

합성 제품은 몇 가지 경우를 제외하면 고유의 특성이 잘 드러나지 않기에 더 유연하게 활용할 수 있고 쉽게 다룰 수 있다. 그러므로 합성 원료는 향에 환상적인 느낌과 추상성을 불어넣기에 좋은데다, 내겐 더욱 흥미롭다. 이렇듯 합성 원료인 페닐에틸알코올은 모든 플로랄 향에 쓰일 수 있다.

페닐에틸알코올 냄새는 함께 조향되는 장미향보다 훨씬 일관되고 조화로운 인상과 평온한 느낌을 가져다준다. 머릿속에서 냄새의 형태를 잡기 위해 페닐에틸알코올처럼 내가 쓰고 있는 원료들 중 어느 것의 느낌을 떠올리곤 한다. 이런 식으로 나는 향의 분류나 용어에 집착하지 않으려고 애쓴다.

냄새와 생각이 서로 뒤섞여야만 비로소 나는 제대로 된 조향사인 것이다.

2010년 6월 16일 수요일, 카브리

오렌지 색상의 한련꽃

나는 어떤 향에 대해서는 우정을 느끼며, 어떤 향에 대해서는 음모를 꾸미고 싶은 충동을 느끼기도 하고 또 어떤 향에 대해서는 걷잡을 수 없는 열정을 느끼다가 금세 실망하기도 한다.

몇 달 전 알게 된 한련꽃과 한련 꽃잎 농축액의 냄새를 맡고서 갑작스러운 열정에 휩싸인 적이 있었다. 오래전부터 나는 앞으로 출시할 향수를 돋보이게 만들 수 있도록 강한 특성을 가지면서도 생기가 넘치는 그린 향을 써보고 싶었다. 나는 마무리 단계에 있는 향수와 새로운 조향에 한련향을 사용해 보기로 했다. 작업 중인 향수들과 한련꽃의 조향에 여러 문제점이 있다는 것을 이내 알아챘지만, 짐짓 못 본 척하고 한련 농축액을 쓴 것 말고 또 다른 이유가 있지 않을까 생각해 보았다. 열정은 눈을 멀게 한다. 바로 이런 경우다.

테스트물을 테이블에 몇 주 간 그대로 두었다가 다시 냄새를 맡아 보았더니 향의 편차가 더욱 심해졌고 심지어 식초 내지는 피클물 같은 냄새도 났다. 한련꽃 농축액이 원인이었다는 결론을 내릴 수밖에 없었다. 원료 공급자에게는 '미안하지만 이번과 같은 냄새 문제를 해결해 달라.'고 부탁했다.

2010년 6월 23일 수요일, 카브리

인내

오늘 아침, 겨울 하늘색을 띤 아이리스 꽃 두 송이가 피었다. 내년에도 또 폈으면 좋겠다. 며칠 전부터 개화 순간을 엿보고 있었다. 이 꽃은 소박한 아름다움을 느낄 수 있어 더욱 애착이 간다. 나름대로 의미 있고 경이롭다고 느껴지는 것은 일 년에 딱 한번 꽃을 피우기 위해, 그토록 오랜 시간에 걸친

느린 땅속 작업을 견디고 피워 낸 그 모든 인내심이다.

사실 이 꽃은 2007년, 〈앵 쟈르댕 아프레 라무쏭〉을 만들기 위해 출장 길에 올랐을 때 가져왔다. 하지만 나는 이 꽃에 대해 아는 바가 없었다. 케렐라Kerala 언덕을 방문했을 때 화훼 전문 매장 앞에 멈춰 선 적이 있다. 이 매장은 우리의 원예 상점과는 전혀 딴판이었다. 이국적이지도 꽃이 만발하지도 않았다. 그저 화분 몇 개와 햇볕을 피해 가지런히 정돈되어 있는 채소 씨앗, 꽃씨, 약용식물의 씨앗 등이 담긴 커다란 케이스가 있을 뿐이었다. 아주 오래 손님을 기다리다 겨우 몇 그램의 씨앗을 팔아도 인도인들은 감사하게

© Richard Schroeder

여겼다.

창고를 나오면서 테라스 쪽을 보았다. 그곳에는 내가 난생처음 보는 아이리스처럼 생긴 푸른색 꽃들이 매우 다양하게 늘어서 있었다. 한 젊은 인도 여인에게 그 꽃의 이름을 물어보았지만, 그녀도 잘 알지 못했다. 호기심이 발동한 나는 뿌리줄기를 하나 얻을 수 있을지 물어보았다. 그러자 그녀는 아이리스 한 뭉치를 뽑더니 칼로 세 갈래로 떼어 주었다.

호텔로 돌아와 뿌리줄기를 화장지로 싼 다음 습기를 보존하기 위해 플라스틱 가방 안에 넣었다. 집에 돌아온 후에는 케렐라 지역의 토양 성질을 알지도 못하면서 꽃을 화분에 그대로 심어버렸다. 그 후 해마다 6월이 되면 개화한다.

냉장고 안에는 두 개의 테스트물이 내 코를 기다리고 있다. 일주일 정도 지나면 향이 풍부해질 것이다. 벌써 몇 년째 이 주제를 가지고 작업하고 있으므로, 새로운 향수가 곧 나올 것 같은 예감이 든다. 내가 간절히 바라던 모습의 향수를 찾았기 때문이다. 나는 단지 향뿐만이 아니라, 아주 색다르면서도 분명한 일관성, 즉 일종의 짜임새 같은 것을 향수에서 찾는다. 이 테스트물에는 〈나르시스 블루〉라는 이름을 붙여 주었다. 당시에는 장차 어떤 향수가 만들어질지 나 자신조차 알 수 없었다.

2010년 6월 30일 수요일, 카브리

저항

시장이 향수의 수준을 평준화하는 것이 아니라, 우리가 향수의 수준을 평준화해서 시장에 내놓는 것이다. 나는 어느 때부터인가 점차 이런 생각에 저항하기 시작했다. 규격화된 향수 산업은 본래의 가치로 되돌아갈 수 없고, 새로운 변화를 모색할 수 없기 때문이다. 나는 잘 팔렸다고 기쁨에 으스대고, 잘 팔기 위해 성능을 주장하고 강요하는 '획일화된' 향수 산업에 적극 반대한다.

선언을 하거나 야단법석을 떨며 소리 내어 외칠 필요도 없다. 향수를 만들 때는 그저 조용한 호소력을 추구하면 된다. 향수는 내 코에 조용히 속삭이며 은밀하고도 친근하게 말을 걸어온다. 그리고 마침내 내 생각과 관계를 맺는다.

나는 여성과 남성을 대립시키는 도그마를 멀리하며 시장의 법칙을 따르지 않는다. '유니섹스'나 '혼성'이라는 단어를 좋아하지 않는다. 그렇게 쓴다고 장르가 규정되는 것도 아니다. 나는 누구든 함께 공유할 수 있도록, 향수를 소재로 한 소설이나 편지, 시를 쓸 것을 제안하고 싶다.

2010년 7월 1일 목요일, 카브리

비용

시장의 요구에 맞추기 위해 원가가 높은 고급 원료로 아주 다양한 농도의 향수를 만들고 있다. 나는 양보다 질을 선호하며, 향수의 농도나 잔향을 결코 좋은 향수의 증거로 보지 않는다.

향수를 과하게 뿌리고도 자신의 향수 냄새를 맡지 못

하는 여성들을 수없이 만나 보았다. 풍부함과 많음, 다양성과 같은 개념이 향수의 미학적 표현일 때는 환영할 일이지만, 확산력과 점착성이라는 후각적 기능이 우세한 경우에는 형편없는 결과가 나올 수밖에 없다.

2010년 7월 2일 금요일, 카브리

런칭

〈아이리스 유키요에Iris Ukiyoé〉의 런칭을 위해 우리는 생 뽈 드 방스Saint-Paul-de-Vence에 있는 매그 재단에서 기자들을 맞았다. 새로 출시하는 향수를 그런 환경에서 소개할 수 있다는 생각이 나를 들뜨게 했다. 이곳은 내가 왜 일본 문화에 관심을 갖는지 그리고 일본 문화가 오늘날까지 서양 문화에 미친 영향이 무엇인지를 잘 보여주는 곳이었다. 여기서 나는 '빈틈없음'과 '여백'의 개념을 설명했다.

'빈틈없음'은 서양 회화에서 중요한 개념이므로, 개인

적 상상의 여지를 거의 남겨두지 않고 대상이 화폭 전체를 차지한다. 시선은 왼쪽에서 오른쪽으로 이끌리며, 주제는 일단 완성되면 영원히 고정된다.

'여백'은 일본 회화에서 중요한 개념인데, 감상자의 주

© Benoît Teillet

관적 생각이 개입할 수 있는 가능성과 여지를 남긴다. 떠다니는 것들이 화폭 안에서 용해된다. 화가들은 자연과 인생 그리고 계절 혹은 또 다른 형태의 영원성을 찬양한다.

유화와 산수화의 차이에 대해서도 말했다. 서양의 유화는 색깔이 있는 재료로 작업한 것이며, 따라서 다채로운 색감과 두터운 붓 터치로 입체감이 부여된다. 일본의 산수화는 물의 흡수와 먹물의 농담을 통해 단순함과 몸짓을 표현한다.
내가 여기에서 두 문화를 비교하려는 것은 아니다. 단지 일본 예술로부터 영향을 받은 내 향수의 표현 방식과 후각을 공감각화하려는 나의 바람을 설명하기 위함이다.

2010년 7월 7일 수요일, 카브리

〈페니민 H〉, 그 이후

오늘 아침에 책상을 정리하다가 한동안 잊고 있었던 〈페니민 H〉 향이 떠올랐다. 만들 때는 생각지도 못했던 매혹적이고 관능적인 향의 인상을 발견하고나서 새로운 조향 작업을 시작했다.

일단 배를 주제로 한 조향 작업을 한쪽으로 치워 두고, '상큼 발랄하고 귀여운'과 같은 주요한 표현들은 미래의 열린 가능성으로 남겨 두었다. 그리곤 이번에는 내가 애정을 갖고 있는 분홍빛이 도는 여문 포도의 새큼한 이미지가 떠오르는 향으로 다시 돌아갔다. 이 향을 파출리의 평범하면서도 우아한 향 그리고 전반적으로 조화로운 향을 내는 다른 분자들과 조합했다.

첫 번째 조향 작업은 강한 비율로 들어간 파출리 향만 유독 진하게 나서 처음 분사되었을 때는 차가운 장뇌 향이 나지만, 몇 분 후에는 알맞게 섞여 오묘한 향이 된다. 전체적으로는 매력적이므로 비율은 바꾸지 않을 것이다. 다만 새로운 나무향을 넣어 향들 사이의 관계만 수정하면 될 것 같다. 이 초벌은 이런 방향으로 계속 작업해야겠다.

2010년 7월 8일 목요일, 카브리

육감

어느 네덜란드 기자가 인터뷰를 마치면서 내게 육감이 있는지 물어보았다. 나는 "어쩌면 시간에 대한 감각은 있을 지도 모르겠다."라고 대답했다. 그러나 실은 시간에 대한 '감정'이라고 말해야 했다.

내가 수석 조향사로서 팀을 이끌고 있었던 1990년 무렵, 어느 조향사가 만든 향수를 맡아 본 다음, 그와 나누었던 솔직한 대화가 기억난다. 나는 그의 향수가 1970년대 스타일이라며 비판했다. 그는 그 무렵이 향수산업의 황금기였기에 그때처럼 작업하는 것을 좋아한다고 말했다. 그것도 하나의 관점이기는 하다. 만약 그가 향수 회사의 대표였다면, 그의 이야기를 긍정적으로 들어주고 그를 이해할 수 있었을지도 모르겠다. 하지만 나는 우리에게 조향을 맡긴 스폰서들은 오늘날의 정서를 담은 향수를 기대한다는 사실을 알고 있기에, 그의 말을 받아들일 수 없다고 말했다.

불현듯 내 향수가 지금의 정서만 담고 있는 것은 아닐까 하는 불안을 느끼게 되었다. 나는 노스탤지어를 경계한다. 왜냐하면 그것은 자기만족을 위한 유혹에만 향수를 이용하기 때문이다. 나는 미래를 예측하지 않는다. 미래를 예언하는 사람치고 그것을 제대로 맞추는 경우는 없기 때문이다. 사실 나는 현실도피적이라기보다는 유행과 경향 그리고 현재로부터 한 발짝 물러나 있고 싶은 것이다.

2010년 7월 21일 수요일, 카브리

스타일

조향 작업과 향수에 대해 글을 쓰면서 내게 도사린 위험이 자신에 대한 과도한 믿음에서 비롯될 수 있음을 잘 알고 있다. 반복하게 되면 모방과

정체 그리고 급기야는 고갈 상태에 빠지게 된다. 하나의 주제에 나를 가두면 내 말을 들어주고 나를 기다려주는 사람이 더 이상 존재하지 않게 된다. 반대로 유행에 너무 민감하면 금세 시류에 편승하고 개성을 잃어버리게 된다. 한번은 다시 시작해야겠다는 생각에, 내가 한 작업들을 옆으로 치우거나 모든 것을 헝클어뜨리고 또한 포뮬러는 뒤죽박죽인 채로 내버려 둔 일이 있었다. 곡예사가 줄 위에서 균형을 잡을 때 만큼 집중하지는 못하더라도 최소한 귀를 기울일 줄은 알아야겠다. 내가 하는 일에 대해 날카로운 의식을 가지고 늘 의심을 품어 보고, 다른 사람과 토론을 해보는 것이 중요하다. 나는 무언가를 만들 때 이 방법이 가장 좋다고 생각한다.

2010년 7월 22일 목요일, 카브리

수작업

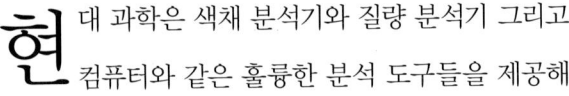

현대 과학은 색채 분석기와 질량 분석기 그리고 컴퓨터와 같은 훌륭한 분석 도구들을 제공해

준다.

풋내기 조향사 시절, 나는 냄새를 찾을 수 있다고 생각하고 바로 '그' 냄새를 내는 분자를 찾기 위해 오랫동안 이 도구들을 활용했다. 장미향이 몇백 개의 분자로 구성되어 있지만, 그중 어떤 분자도 장미 냄새를 지니지 않는다는 것을 발견하고는 그것이 얼마나 순진한 접근법인지를 깨달았다. 비록 장미향을 내는 분자를 찾지는 못했다. 그러나 꽃향기가 생물학적으로 규칙적인 주기로 달라진다는 점을 경험을 바탕으로 알게 되었다. 또한 향의 성분은 항상 같지만 유의미한 차이가 생길 때가 있다는 점도 깨달은 나는 작업 방식을 바꾸게 되었다. 분석 도구들 덕분에 향수를 화학적으로 조향하는 법도 배웠다. 그러나 이러한 도구들을 등한시하면서부터 나는 과학적인 분석 과정은 무시한 채, 감각적이고 때로는 수공업자처럼 일하는 접근 방법을 우선시하게 되었다.

향수는 과학적인 분석을 필요로 하지만, 과학은 아니다. 향수를 만든다는 것은 후각적인 환각과 시각적인 환상에 형태를 부여하는 수작업이다. 끊임없는 시도와 수많은 시행착오를 겪으며 발전해 나간다. 내 컬렉션이 몇 개 안 되는 이유는 벽장에 내가 아끼는 재료들은 많지만 전혀 활용하지 않기 때문이다.

아니, 실은 전혀 활용하지 않는다고 말하면 거짓이다. 기억하고 있다가 필요할 때에만 꺼내어 쓰는 재료들이다. 그럼에도 내가 굳이 보관하는 이유는 원료에 대한 판단이 완성되지 않았기 때문이다. 이들은 언젠가 어느 포뮬러에든 들어가 컬렉션에 합류할 수도 있다. 그런 경우는 드물지만 말이다.

산업화의 영향으로 수제 향수 시장이 전반적으로 위축되었다. 1970년대까지는 건혈 분말과 담배 부스러기 및 양의 배설물을 혼합물에 담가 머스크 향과 나프탈린 좀약 냄새를 만들고, 이것을 향수에 혼합하여 모피향을 얻었다. 이 모든 것은 조향사가 무엇보다도 솜씨 있는 장인임을 증명하는 것이었다. 내가 수제 향수를 아쉬워하는 것은 아니다. 다만, 장인들이 가졌던 창의적인 정신세계에 관해 깊이 생각할 따름이다.

2010년 7월 23일 금요일, 스페라세드

휴가

3주 동안 조향실을 닫고 휴가를 보낼 예정이다. 조향실의 문을 닫으며, 전략 기획팀에서 나와 이 조향실에서 홀로 일하기로 했던 6년 전의 선택이 현명했다는 생각이 들었다. 그러한 선택을 내린 것이 내 성격 탓인지는 모르겠지만, 일상적인 방해를 받지 않고 향수를 만들고 싶은 마음 때문이었다. 매출액이나 시장점유율, 산업계 동향과 같은 주간 지표에 매달리고 싶지는 않았다. 물론 주기적으로 정보를 받고, 걱정하기도 하고 기뻐하기도 하며, 회사의 전략회의에도 참여한다. 그럼에도 창의력을 발휘하는데 가장 좋은 환경은 외부의 간섭 없이 혼자 일하는 것이라 믿는다. 그렇다고 교류가 완전히 단절된 환경을 원하는 것은 아니다.

대개 아이디어란 부단한 노력과 반복적인 작업의 결과며, 때로는 우연한 만남이나 산책과 한가로운 소요 또는 독서와 마음의 여유에서 나오는 것이다. 그래서 몰레스킨 수첩이 내 손을 떠난 적이 거의 없다. 순간 순간 떠오르는 생각과 단어 그리고 초벌 향수의 포뮬러 등을 적어야 하니까.

그러나 혼자 있다는 것은 고독에 대처할 줄 안다는 말도 되겠지만, 활력을 잃을 수 있는 위험이 도사리고 있기도 하다. 그래서 나는 한결같은 기분으로 아주 조그만 아이디어라도 열정적으로 찾고, 진행 중인 프로젝트와 포뮬러도 항상 여럿을 함께 늘어놓고 번갈아가며 작업한다. 작업에 규칙성을 부여하고, 시간을 준수하며, 나에게 닥치는 결과에 대해 엄격히 책임을 지는 것은 이런 기복에 대응하는 내 나름의 자구책이다. 이 경우, 고독은 내가 선택한 자유인 셈이다. 그러기에 나 자신에게 보상하기 위해 나는 주기적으로 파리에 간다.

2010년 7월 28일 수요일, 스페라세드

꿈의 향수

여름 휴가 동안, 나는 주간지에 나오는 가벼운 기사들을 읽으며 이 일기를 이어나가고 있다.

"당신에게 이상적인 향수는 무엇입니까?"라는 질문을 항상 받아오고 있지만, 시간이 늘 부족한 탓에 한 번도 제대로 된 답을 한 적이 없다. 이제 그 질문에 대한 답을 할 때가 왔다.

이상적인 향수는 즉각적인 향이 느껴지고 숨을 들이마시는 순간 살아있는 향이지, 몸에 지니는 것이 아니다. 장식품이 아니며 누가 입혀주는 것도, 보호해주는 것도 아니다. 그저 '감정'일 뿐이다. 이러한 얘기는 이상적인 향수에 관한 기존의 관점과 다르기 때문에 혼란을 줄 여지도 있다. 나는 향수를 시적인 대상

© Benoît Teillet

으로 삼아 꿈꾼다. 익숙함을 거부하고 굳이 낯선 것을 추구하는 하이키스트의 '예측할 수 없는 즉흥적인 황홀경'이라 본다.

오랜 전통을 가진 일본의 향수 회사 니뽄 코도 Nippon Kodo가 주관하는 축제에 참여했을 때 이상적인 향의 '길'이 보이기 시작했다. 코도의 축제에는 여러 형식이 있다.

의식을 행하는 도중, 제사장은 열 개의 향을 잇따라 피운다. 참가자들에게는 각각의 향마다 시 한 편씩 짓도록 하고, 외국인들에게는 영어로 시를 써서 제사장에게 제출하게 한다. 제사장이 모든 시를 읽기는 하지만, 향을 가장 잘 표현한 시를 선택하는 것은 참가자들의 몫이다. 가장 많은 선택을 받는 시가 장원이 된다. 이 의식은 느리면서도 정확하고 격식을 갖춘 절차를 따르고 있었다. 다다미에 2시간 넘게 책상다리로 앉아있는 불편함에도 불구하고 시와 향의 맞물림을 통해 충만하고 조화로운 순간을 모든 이들이 공유할 수 있었다.

꿈은 다양한 형태를 띨 수 있다. 때로 내 향수들 중

어떤 것들은 다시 만들고 새로 써야겠다는 생각이 들기도 한다. 예컨대, 차를 주제로 삼아 이렇게 해본 적이 있다. 그렇다고 해서 주제를 다시 정하고 새로운 향수를 만든다는 뜻은 아니다. 이는 마치 새로운 번역이 한 권의 책에 새로운 의미를 부여하는 것과 같다. 원래의 향수에 가장 가까우면서도 다른 단어, 즉 다른 향으로 쓰는 것은 현재 내가 가지고 있는 원래의 향수에 대한 생각을 재해석한다는 뜻이다. 같은 부분을 읽더라도 어제 읽은 것과 오늘 읽는 것은 전혀 같지 않다. 〈N°5〉를 〈오 퍼미에르Eau Première〉로 다시 쓴 샤넬Chanel은 흥미로운 방법으로 접근했다. 이런 꿈을 좇고는 있지만 많은 사람들의 요구를 내가 만족시킬 수 있을지는 모르겠다.

2010년 8월 2일 월요일, 스페라세드

화음

피아노에는 여든여덟 개의 건반이 있다. 내가 한꺼번에 이 모든 건반을 두드리면 불쾌한 소음이 날 것이다. 마찬가지로 여든여덟 개의 성분 가운데 일부를 선택하지 않고서 아무렇게나 마구 섞어 버린다면 '후각적 소음'을 일으킬 위험이 있다. 이번에는 내가 피아노 건반 가운데 임의의 건반 세 개를 두드린다고 하자. 과연 몇 가지 음을 만들어낼 수 있을까? 수학적으로 계산해 보면, 109,736개일 가능성이 있다. 만약 이 계산법을 적용해서 원료 컬렉션 중에서 무작위로 세 개를 희석해 조향 가능한 가짓수를 따져본다면 아마 어마어마할 것이다.

이것으로부터 아주 단순한 그림이 그려진다. 이런 식으로 아무 생각 없이 향료들을 섞어 버린다면 좋은 향수가 만들어질 수 없으리라는 것은 충분히 예측할 수 있다. 따라서 이러한 방식은 피해야 한다. 역으로 이것은 단순한 포뮬러를 짜는 것이 얼마나 중요한가를 해학적으로 설명해 주는 사례이다.

과연 몇 가지 성분을 가지고 조향해야 그것을 '복잡한' 포뮬러라 부르는지 분명치 않다. 다만, 이런 복잡한 포뮬러에서는 이미 알려진 포뮬러를 재사용할 가능성이 높기 때문에, 향수 제조업자들이 이것에 어김

없이 유혹을 느낀다는 점은 분명하다.

그러나 아무리 매력이 있더라도, 반복적이고 조잡하여 도무지 이해할 수 없는 해석을 낳는 복잡한 포뮬러는 사양한다. 그 자체로서 대상을 새롭게 만들어주는 단순한 포뮬러를 선호하지만, 복잡한 포뮬러라도 섬세할 수만 있다면 그것에 대해서는 긍정적이다. 내가 라르띠장 빠르퓌뫼르L'Artisan Parfumeur에서 만든 〈브와 파린Bois Farine〉은 여남은 개의 성분으로 조향된 심플한 포뮬러이면서 동시에 완전히 희석되어야만 쓸 수 있으며, 까다로운데다 경우에 따라서는 불안정한 화합물인 티아졸과 피라진이 포함된 베이스의 복잡한 포뮬러이기도 하다.

2010년 8월 6일 금요일, 스페라세드

꿀벌

"**꿀**벌의 줄무늬를 그릴 때 보통 어떤 색부터 사용하나요?" 손자 녀석의 갑작스러운 질문에 깜짝 놀랐지만, 다음 순간 내심 감탄했다. 내가 놀란 이유는 나 자신은 지금껏 한 번도 그와 같은 질문을 던져 본 적이 없기 때문이다. 또한 감탄스러웠던 것은 비록 부분적인 것으로부터 출발했지만, 수천 가지의 주제를 다룰 수 있을 만큼 폭넓은 질문이었기 때문이다.

나는 "잘 모르겠다."며 "네가 원하는 색깔로 그리면 된다."고 답했다. 그러나 아이에게 제대로 알려주지 못한 것이 아쉽다. 손자 녀석의 질문은 진실을 찾고자 하는 관심과 주의력 그리고 탐구심의 표현이었다. 우리는 인터넷에서 꿀벌의 이미지를 구해 정확한 답을 찾을 수도 있었을 것이다. 나중에 몰레스킨 수첩에다 이 질문을 적었다. 질문 속에 아이의 생각이 들어 있으므로 다시 한번 생각해 볼 만하기 때문이다.

2010년 8월 17일 화요일, 스페라세드

복귀

해마다 8월 15일쯤 되면, 강풍을 동반한 폭풍우가 몰아친다. 나는 천둥소리를 듣는 것이 좋다. 가장 아름다운 북소리다. 회색 구름이 지나고 나니 나무는 더욱 짙푸른 색을 띤다. 비가 오니 태양에 압도되어 있던 냄새들이 퍼져 나간다. 무더위는 끝났다. 날씨가 정상화되면서 마음이 놓이는 것 같다.

오늘 아침, 조향실 위로 푸른 하늘이 펼쳐졌다. 3주간 비워 둔 조향실의 문을 열었다. 향기가 엄습해온다. 온갖 대비책을 취했음에도 조향실은 향으로 가득차 있다. 이 냄새가 일 년 내내 나를 에워싸고 있다는 사실을 잊고 지낸 것이다. 향은 공간을 가득 채우고 있다. 향은 조향실의 증표이기에 나는 향이 필요하다.

2010년 8월 18일 수요일, 카브리

언젠가 해보고 싶은 〈페미닌 H〉

마지막으로 작업했던 〈페미닌 H〉에 기쁜 마음으로 다시 손을 댔다. 테스트 결과로 보면 조짐이 좋다. 백단향이 파출리가 함유한 장뇌향의 거친 인상을 매끄럽게 해주었다. 풍성하고 짙고 우아하지만 별로 경쾌한 것 같지는 않다. 만일에 대비해 챙겨 두었던 다른 성질의 파출리로 테스트를 시작했다.

© Richard Schroeder

파출리의 에스테르 성분이 전통적인 에센셜 오일의 흙냄새를 가지고 있지 않아서 좋은 결과를 낸다. 머스크의 지속성을 향상시키기 위해 처음에 사용했던 머스크의 질을 바꾸어 가며 작업을 계속했다.

이 단계의 작업에서 나는 마치 완성품을 위해 마지막 노력을 다하는 장인처럼 일한다. 포뮬러에 사용됐던 재료들과 다른 성질을 가진 재료를 시도해 보고, 향수의 확산력과 지속성 그리고 존재감과 같은 기술적인 측면을 고려하는 일관된 작업을 계속하는 것이다. 내가 이 향수에 주고 싶은 상큼 발랄하며 장난기 어린 미소의 귀여운 느낌은 나중에 다시 시도해 볼 생각이다.

2010년 8월 20일 금요일, 카브리

감각의 변화

말은 우리들과 상관없이 자유롭게 존재한다. 그래서 시간이 흐를수록 말을 이루고 있는 단어들의 의미가 변하는 것이다. '에스까쎄Escagasser'. 이것은 오크어인데, 나는 이 단어의 소리를 특히 좋아한다. 얼마 전까지만 해도 '몹시 때리는 행동'만을 뜻했지만, 오늘날에는 '성가시게 하다'라는 의미가 추가되었다. 향기도 마찬가지여서 예전부터 지녀 온 의미를 시간이 지나도 잃지 않으면서도 향의 의미가 변할 수 있다.

한 사람의 힘으로는 단어의 의미를 바꿀 수 없는 것과는 달리, 조향사는 향에 대한 '새로운 해석'을 제시함으로써, 그 향이 가지는 의미에 변화를 줄 수 있다. 이렇듯, 1893년에 발견된 베타 이오논 분자는 20세기 말까지 제비꽃향과 동의어로 쓰였다. 불가리의 〈오 빠르퓌메 오 떼베르〉를 만들 때, 차향을 만들기 위해 이 합성물을 다른 방식으로 사용하여 베타 이오논을 헤디온에 결합시켰다. 그랬더니 이 향수가 시장을 점령했고, 결국 향은 변했다. 이오논은 이제 제비꽃향뿐 아니라 차향도 내고 있다.

에르메스의 〈뿌와브르 싸마르깡드Poivre Samarcande〉에서는 과다 투여된 이소 E와 결합한 미량의 제비꽃잎 엑기스가 그때까지는 알려지지 않았던 이 분자의 후추 향을 드러냈다. 페닐에틸알코올은 본래 장미향을 내는데 쓰이다가 지금은 사케나 익힌 쌀 냄새를 내는 데 쓰인다.

나는 잘 안다. 향 또한 우리 모두에게 똑같은 의미를 갖지 않음을. 그럼에도 조향사는 향을 변형시키고, 살아나게 하고, 바꿀 수 있다. 조향사가 의미를 바꾸어야 향수가 살아나기 때문이다.

2010년 8월 24일 화요일, 카브리

나르시스 블루

현재 진행 중인 향수들을 주제로 한 회의가 열렸다. 내가 꼴로뉴 컬렉션에 대해 머릿속에 떠오르는 대로 제안한 〈나르시스 블루〉의 성분에 대해 오랫동안 이야기를 나누었다. 향이 과하게 느껴진다면, 그것은 내가 이 향수의 '촉각적인' 면을 강조하고 싶었기 때문이라고 설명했다.

향수는 절대적인 하나가 아닌, 모든 감각을 불러일으킨다. 이름이나 포장 혹은 향수병이 아니라 향수의 냄새가 그렇다는 것이다. "나는 색에서 부드러움, 단단함, 연약함 그리고 심지어는 물체의 향기마저도 본다."고 말한 뽈 세잔느의 말이 떠오른다.

나는 수선화의 향에서 주제를 발견했다. 장미와 흰색 꽃과 말똥 사이의 어정쩡한 냄새가 나는 꽃이 아니라, 그린 향, 떫은 향, 분향이 느껴지는 꽃과 줄기의 엑기스를 사용할 것이다. 설령 수선화가 이 꼴로뉴의 주제일지라도 나는 수선화의 엑기스는 사용하지 않는다. 그린, 파우더, 우디, 플로랄, 떫은 향을 능숙하게 섞어서 수선화의 향을 재해석했다. 즉, 떫은 향, 파우더 향, 우디 향, 그리고 그린 향과 플로랄 향이 이루는 대조를 최대한 활용한 것이다.

아울러 농도와 밀도 역시 부각시키려 했다. 농도와 밀도는 오로지 합성 성분만으로 표현이 가능한데, 그 이유는 합성 성분들이 서로 잘 섞이면서도 주제에 대한 내 해석을 손상시키지 않기 때문이다.

2010년 8월 26일 목요일, 카브리

지중해 사람

그라스에서 태어나긴 했지만, 나는 정서면에선 완벽한 그라스 사람이 아니며, 프로방스Provence 사람은 더더욱 아니다. 그라스에 대한 애정은 가지고 있지만, 내가 이 도시에 소속감을 느끼기에는 너무 어릴 적에 부모님과 함께 그라스를 떠났다. 이곳에 대한 나의 애착은 이탈리아에서 태어나 그라스에 정착한 조부모님 덕분인 것도 있지만, 견습생 시절에 나를 도와주고, 가르쳐 주고, 지지해 주었던 대부분의 사람들이 그라스 출신이었기 때문이다. 마르셀 빠뇰Marcel Pagnol의 영화를 매력적으로 만들었던 프로방스 사람의 이미지, 그러니까 허풍쟁이, 맹목적인 애국주의자, 시끄럽지만 인심 하나는 후한 프로방스 사람의 이미지에 비추어 본다면, 나는 이곳 사람이 아니다. 나는 장 지오노의 세계를 더 좋아한다. 파리 출신인 빠뇰에게는 지방색이 있었고, 마노스크Manosque, 즉, 프로방스 사람인 지오노는 보편성을 추구했다.

나는 큰 나무의 밑동, 작은 초목의 그늘을 더 좋아하고 태양을 멀리한다. 해변의 나른함이 지루한 반면, 작은 만과 암초는 마음을 끌어당긴다. 시선이 도취되고 푸른 하늘과 바다가 서로 어우러지는 바다와 수평선이 좋다. 나는 아름다운 육체, 가벼운 옷, 은밀한 우아함과 절제에 대해 늘 생각한다. 한 번도 유니폼을 입어 본 적은 없지만, 내 눈에 비친 이 딱딱한 의상은 경직된 정신세계와 시들해진 삶을 드러낸다. 행복, 인간, 세속적인 것을 믿기에 종교를 경계한다. 긴 수다 보다 오랜 시선을 더 좋아한다. 누군가를 유혹하고 싶은 욕망을 느끼지만, 나의 언어는 수줍다.

이 글을 쓰다가 『헬레나의 추방L'Exil d'Hélène』을 쓴 알베르 까뮈Albert Camus가 떠올랐다. 까뮈는 "그리스 철학은 '한계'라는 개념을 늘 경계했다. 종교도, 이성도 둘 중 어느 것도 끝까지 밀어붙이지 않았다. 왜냐하면 그리스 사상은 종교도, 이성도 그 어느 것도 부정하지 않았기 때문이다. 그리스 철학은 빛과 그림자 사이의 균형을 맞추고 모든 상황을 고려했다."고 말했다. 나는 억지를 부려 본 적이 없다. 나는 끊임없이 성과 지성 간의 균형을 발견하고자 신경을 쓴다. 나는 지중해 사람이다.

2010년 9월 1일 수요일, 카브리

주제

주제나 이미지가 향수의 필수 요건은 아니다. 향수가 아름다운 것은 그 자체로서 존재하기 때문이다. 〈앵 쟈르뎅 앙 메디떼라네〉는 내게는 '지중해'를 의미하는 무화과 나뭇잎의 향이라는 주제로부터 만들어졌다. 〈떼르 데르메스〉는 전혀 다른 방식으로 만들어졌다. 처음에는 떼르Terre 즉, 대지라는 단어로부터 연상되는 무언가를 만들어 내는 것이었다. 이 향수의 이름은 이미 몇 년 전부터 등록되어 있었다.

당연히 땅의 냄새를 그대로 재현하는 것은 아니었다. 나는 그간 딱히 주제를 정하지 않은 채 한 켠으로 치워 두었던 향수를 만드는 것부터 시작했다.

조합 성분에 우디 향이 큰 비중을 차지하고 있기에 아일랜드 경치를 배경으로 땅에 박혀 있는 '말뚝'의 이미지를 상상했다. 말뚝은 인간의 존재감 혹은 대지 위의 인간을 상징한다.

기업에 소속된 나로선 내가 만들고 싶은 향수만 만들 수는 없다. 더욱이 향수를 만드는 과정에서 내가 느끼는 것들, 말하자면 내가 어느 때 자신감과 확신을 갖게 되는지 또는 회의감에 빠지게 되는지 그리고 어느 때 안심하게 되는지 등, 이런 것들에 대한 나의 솔직한 이야기들을 들려주고, 작업의 진행 과정에 대해서도 설명해야 할 의무가 있다.

〈떼르 데르메스Terre d'Hermès〉를 완성하기까지 8개월이 걸렸다. 나는 이 작품에 이야기와 후각적 이미지를 풍부하게 엮어 주었다. 그랬더니 나중에는 제품 소개 자료와 영업팀 연수에 활용되었다. 마지막 테스트와 함께 마침내 주제가 최종적으로 결정되었다. 수백 번의 테스트들이 작업을 평가하는 기준은 될 수 있다. 그러나 작품의 가치를 만드는 것은 '과정'이다. 향수를 일주일 만에 만드는 경우도 있었고, 어떤 것은 몇 달, 또 어떤 것은 몇 년째 작업하고 있기도 하다. 내가 옆으로 치워 두는 것들은 대개 마음속에 생각하고 있었던 구상과 일치하지 않는 경우이다. 자유롭다고 느껴야만 비로소 많은 것을 내어놓을 수 있다. 나는 그렇다.

2010년 9월 3일 금요일, 카브리

도구

오늘날 대부분의 향수는 앰브록산, 페닐에틸알코올, 시트로네롤, 쿠마린, 헤디온, 핼리오트로핀, 히드록시시트로넬랄, 이소 E, 이오논, 백합목, 메틸이오논, 합성 머스크, 파출리, 합성 백단, 살리실산염, 바닐린 등을 주성분으로 한다. 원료는 그것을 이루는 성분의 특성이 얼마나 지속가능하며 또한 얼마나 체계적인가에 따라 선택된다. 위에서 열거한 향료들은 대량으로 생산되며 거의 모든 향수에 흔히 사용된다. 다시 말해서 '도구'다.

백 년 전만 해도, 이러한 향료들은 조향사의 '코'에는 완전히 새로운 것이었다. 활용법을 알아내기 위해 직관이 동원되고 수많은 작업을 거쳐야 했다. 일단 모든 조합의 향을 죄다 맡아 보는 단계를 넘어서자, 조향사들은 이 향료들을 완전히 다르게 사용하려는 시도를 감행했다. 그렇게 해서 이제는 조향사가 예전보다 다양한 방법으로 표현하는 일상적인 도구가 되었다. 마케팅 차원에서는 빠른 수익 창출을 위해 과감한 비율로 향료가 사용되고, 연구자들로 하여금 보편적으로 많이 쓰이는 냄새를 분석하고 비슷한 향을 내는 분자를 찾게끔 했다. 시중에 나와 있는 오십여 개가 넘는 합성 머스크가 바로 그것이다.

원료가 천연이든 합성이든, 새로운 향이 하나의 아이콘이 되고, 거기에 더하여 일상적인 도구가 되기까지는 십여 년이 걸린다. 단순히 색을 바꾸는 일이라면 시간이 남아돌 것이다. 그건 도구도 마찬가지다.

2010년 9월 22일 수요일, 카브리

비율

에밀 베르나르Émile Bernard가 뽈 세잔느의 수채화 기법을 묘사하며 자신의 생각을 다음과 같이 피력한 적이 있다. "세잔느의 방식은 독창적이다. 관례적인 방법과 과도한 복잡함을 완전히 벗어던졌기 때문이다. 그는 어렴풋한 형체를 먼저 그린 후, 좀 더 과감한 색채로 덧칠하고, 마지막으로 이 모든 색채가 장면을 물들이며 대상의 형태가 나타날 때까지 덧그린다." 만일 여러분이 세잔느의 수채화를 가까이 다가가서 바라본다면, 색채가 전체를 덮고 있는 것이 아니라 나란히 늘어서 있는 경우가 더 많음을 발견할 것이다. 세잔느 작품에서는 색채들이 서로에게 말을 걸며 놀라운 조화를 이룬다.

나도 그와 비슷한 방법으로 향수를 구상한다. 예전에는 비율에 대한 생각에 강하게 붙들려 있었지만, 이제는 비율에 대한 집착 따위는 떨쳐 내고 오로지 원료에 대해서만 생각한다. 향수를 이루는 것은 바로 원료들이며, 이들이 균형을 이루었을 때 깊은 '울림'을 내면서 퍼져 나간다. 조화를 추구하다 보면 어느새 비율도 저절로 결정된다.

2010년 9월 30일 목요일, 카브리

몰레스킨 수첩

향수 테스터, 연필, 종이 묶음 그리고 최근 몇 해 전부터는 수첩이 내 도구들이다. 마흔 살 쯤, 나는 쌓아 둔 빈 종이에 성분 조합, 향수에 대한 다듬어지지 않은 생각들을 기록하고, 인용문을 옮겨 적고, 그런 다음 그것들을 다양한 사이즈의 파일에 알파벳순으로 정리하기 시작했다. 그리고 마침내 몰레스킨 수첩이 생겼다.

나는 지갑처럼 주머니에 쏙 들어가는 이 수첩의 형태가 좋다. 신축성 있는 줄이 달려 있어서 수첩을 덮어 놓아도 괜찮고, 더욱이 빈 종이에 휘갈겨 쓴 기록들마저 잘 간직할 수 있다. 생각이라는 것이 워낙 아무 때나 마구 떠오르는데다 내 기억력을 믿을 수 없기 때문에 반드시 적어야 한다. HB 연필로 매우 빠르게 대강 끄적거려 놓은 것을 나중에 다시 읽자니 알아보기가 영 어려웠다. 가끔은 중요한 기록들을 다시 적게 되는 경우도 있다. 하지만 그러한 기록은 내가 가치를 부여할 때만 중요하며, 그 가치는 언제든 변할 수 있다.

힘들게 읽히긴 하지만 그래도 나는 연필이 좋았다. 그보다 더 단순한 글쓰기 도구가 없을 것이라는 생각에 몇 년 동안 계속 지니고 다녔다. 그러나 내가 쓴 글을 정작 나 자신이 알아보기가 점점 더 어려워지자, 가독성을 높이기 위해 고급 만년필을 샀다. 그 후로는 글이 훨씬 더 쉽고 편안하게 읽혔다. 글과 함께 크로키나 수채화도 곁들였다. 덕분에 정신은 자유로워지고, 결국 작업에 더욱 몰입할 수 있게 되었다.

2010년 10월 6일 수요일, 파리

조향사

조향 작업을 통해 자유를 추구하는 내게 도움을 준 것은 향이다. 성분 배합에 대한 감각을 잃지는 않을까 하는 두려움에 향을 맡고, 그것에 대해 생각하는 것을 멈출 수가 없다. 예술가들의 일이 대개 그러하듯, 나 또한 우선은 물리적으로 재료들을 조작하지만, 결국엔 그들과 좋은 관계를 유지해야 할 필요가 있다. 이것은 '조향'이라는 나의 일에 따르는 대가이자, 내 머릿속에서 언제나 큰 비중을 차지하는 부분이다.

2010년 10월 13일 수요일, 카브리

향

향이 더 이상 기억으로부터 연상되지 않을 때, 더 이상 꽃이나 과일을 떠올리지 못하고 향에 모든 감정과 정서를 담을 수 없을 때, 향은 비로소 향수의 재료가 된다.

내가 향을 더 이상 묘사할 수 없을 때, 향에 농도와 깊이 그리고 두께와 넓이가 생길 때, 향을 촉각으로 느낄 수 있을 때, 내가 향을 오로지 물질적으로만 표현해 낼 수 있을 때, 나는 향을 형상화할 수 있으며 그럼으로써 향수를 만들 수 있다.

엘레나의 향수 레시피

향수 레시피에서는 향을 마치 하나의 '기호'처럼 다룰 것이다. 엠버, 체리, 재스민과 같은 재료들을 최소한으로 동원하려고 한다. 만약 이 재료들을 각각 떼어놓는다면 기대하는 냄새가 전혀 나지 않게 된다.

가장 먼저 할 일은 적어도 두 개의 향수 테스터를 향료에 적시자마자, 곧바로 코에 대고 마치 부채를 부치듯 흔들어 보는 것이다. 때로는 향의 강도를 위해 테스터 하나는 뒤에 놓는데, 이는 비율을 찾기 위해서가 아니라 향들 사이의 '관계'를 찾고, 매력적인 느낌을 불러일으키기 위해서다.

향기의 테스터들을 나란히 맡아 보기에 앞서 향을 각각 느껴보고 또한 코가 향에 취하지 않도록 향을 일곱 개 이상 만들지 않기를 권한다. 경우에 따라서는 조향 방법이 당신에게 맞지 않을 수도 있니, 향수 테스터를 가까이 하거나 멀리하면서 어림잡아 배치를 수정해야 할 것이다.

....
유용한 Tip
모든 원료는 5%의 비율로 90°의 에틸알코올에 사전 희석시켜 놓아야 한다

● 엠버

원료: 바닐린, 랍다넘 진 원액

엠버 향수는 화석화된 송진인 호박이나 향유고래의 장 응고물인 용연향과 전혀 무관하다. 19세기 후반에 바닐린이 개발되면서 등장한 것인데, 향수에 처음으로 추상적인 인상을 주었다. 이와 같은 간단한 원료가 수많은 전설적인 향수들을 탄생시켰다.

● 파인애플

원료: 카푸로산 알릴, 에틸말톨

향을 내기 위해 특별한 비법이 필요 없는 열대 과일이다. 단순한 분자로 구성된 카푸로산 알릴은 파인애플뿐 아니라 사과 냄새도 가지고 있다. 이 두 냄새 사이의 관계는 비교적 약하다. 파인애플 향을 '알맞게' 하려면, 에틸말톨이 반드시 들어가야 한다.

● 솜사탕

원료: 바닐린, 에틸말톨

흰색이든 분홍색이든 초록색이든, 솜사탕은 설탕 맛이기 전에 무엇보다도 '축제의 향'이다.

● 트로치

원료: 아네톨, 이오논, 메틸싸이클로펜테놀론, 멘톨

외할머니는 까만 가방 안에 늘 트로치 사탕을 가지고 계셨다가, 나만 보면 주시곤 했다. 나는 트로치 맛을 보고는 즉시 도망쳐 어디론가 숨어서 뱉어 버렸다. 그때는 쓴맛이 싫었다.

● 캐러멜

원료: 통카빈 원액, 바닐린, 메틸싸이클로펜테놀론

통카빈 원액은 벤조인 레지노이드처럼 캐러멜을 환기시킨다. 여기에 바닐린과 메틸싸이클로펜테놀론을 혼합하면 환상적인 향이 만들어진다.

● **체리**

원료: 베타 이오논, 헬리오트로핀, 벤조익알데히드

나는 나무에서 딴 체리를 좋아하는데, 봄을 상징하기 때문이기도 하지만 특히 아삭아삭하면서도 살짝 새콤달콤한 맛도 나기 때문이다. 요거트를 먹으면서 맛본 향에 가깝게 느껴질 것이다.

● **초콜릿**

카카오콩의 향은 몇백 개의 분자로 이루어져 있다. 그래서 콩을 볶으면 대단히 복잡한 향이 난다. 향의 성분이 세 배만큼 증가하기 때문이다. 조향사가 '향의 마술사'임을 보여주는 향을 나열해 보면 다음과 같다.

원료: 페닐아세트산아이소뷰틸, 바닐린

유용한 Tip
다크 초콜릿 향을 내려면 파출리를 첨가하는 것이 필요하다. 가나슈를 만들려면, 미량의 사향고양이의 향, 오랑제트 초콜릿은 오렌지 겉껍질, '에프터 에잇After Eight'은 스피아 민트가 있어야 한다. 카카오 분말향을 내려면 아이리스 콘크리트를 추천한다.

● 무화과

원료: 스티몬, 감마옥타락톤

스티몬은 박하잎이나 무화과 나뭇잎 향이 난다. 하지만 모든 것은 내가 어떤 향을 내고 싶은가에 달려 있다.

유용한 Tip
숙성한 무화과향을 내려면 에틸말톨을 넣고, 말린 무화과향을 내려면 아이리스 콘크리트를 추가할 것을 추천한다.

● 딸기

원료: 프룩톤, 에틸말톨

견습 조향사 시절, 나는 딸기향을 이른바 '딸기'로 불리는 알데히드 C-16으로부터 얻을 수 있다고 배웠다. 알데히드는 다음과 같은 두 가지 이유에서 잘못된 명칭이다. 사실, 알데히드는 화학적으로는 케톤이며, 더욱이 사과향이 나기 때문이다. 그러니 여러분은 다르게 배합해 보기를 권한다.

유용한 Tip
산딸기의 원료는 프룩톤, 에틸말톨, 안트라닐산 메틸이다.

● 라스베리

원료: 프룩톤, 베타 이오논, 프람비논

향보다는 맛이 훨씬 더 강한 체리와 달리, 라스베리는 무엇보다도 향이다.

유용한 Tip
cis-3 헥산올을 추가하면 시큼한 그린 향이, 게라니올을 넣으면 립스틱 향이 나게 된다.

● 치자나무

원료: 알데히드 C-18 푸르놀리드, 스티랄릴 아세테이트, 안트라닐산 메틸

내가 아주 좋아하는 치자나무 향수는 샤넬의 향수인데, 꽃 냄새가 아니라 행복이 느껴지기 때문이다. 치자나무 냄새는 재스민과 투베로즈가 만들어 내는 한 편의 드라마와 같다.

● 히아신스

원료: 페닐에틸알코올, 초산벤질, 갈바눔

" (…) 사라지지 않고 끈질기게 맴도는 냄새가 있다. 항상 똑같은 냄새가 너무도 분명하고 고집스럽게 떠나지 않는 탓에 와인 통과 내 책들의 실제 이미지가 겹쳐 보이는 상상마저 하게 된다. 결국 그것이 세 송이의 히아신스에서 나는 순박한 냄새라는 것을 깨닫기 전까지는 말이다. 하지만 이 순박한 냄새에 실은 얼마나 많은 향들이 복잡하게 얽혀 있을는지!" 장 지오노의 『아르카디아! 아르카디아!Arcadie! Arcadie!』의 한 구절이다.

유용한 Tip
인돌을 넣으면 히아신스에 활짝 핀 화사한 꽃 내음을 보태주고, cis-3 헥산올을 첨가하면 봉오리 진 히아신스를 떠오르게 한다.

● 드라제

원료: 바닐린, 벤조인(레지노이드), 벤조익알데히드

어느 견습생에게 연습 삼아 드라제 향을 한번 만들어 보라고 했다. 그녀는 제과점에서 가장 좋은 드라제 100그램을 사 가지고 오더니 다음과 같이 썼다 : 바닐린, 벤조인(레지노이드), 벤조익알데히드.

● 재스민

원료: 초산벤질, 헤디온, 정향, 인돌, 안트라닐산 메틸

어릴 적 나는 동이 틀 무렵이면, 엄지와 검지 그리고 가운데 손가락 사이로 백자를 닮은 재스민 꽃을 하나씩 하나씩 따곤 했다. 재스민 꽃의 부드럽고 가벼운 내음은 나를 취하게 했다. 정오가 되면, 흰 분필 같은 꽃잎들이 오렌지 꽃의 더운 향을 풍겼다. 밤이 되자 그토록 희던 꽃잎들이 노랗게 물들어 지독하게 동물적인 냄새를 야수처럼 내뿜었다.

● 망고

원료: 이오딘, 알데히드 C-14, 카시스 싹 원액

망고를 코에 갖다 댄다. 향이 아주 매혹적이다. 송진, 오렌지 껍질, 자몽, 당근, 오포파낙스, 노간주나무의 향긋한 인상이 풍성하고 상큼하면서도 달달하며, 강하면서도 부드러운 향이 난다. 나는 향의 유혹을 물리치지 못하고, 내 감각을 어루만지고 내 안에 젖어 들도록 내버려 둔다.

● 올리브

원료: 카스토레움, 벤질살리실산염

올리브 냄새는 그 자체가 '지중해'를 뜻한다. 올리브 유에서부터 블랙 올리브와 올리브 퓨레에 이르기까지, 나의 후각과 미각은 올리브와 조화를 이루는 향을 배가시킨다. 송로버섯 향, 카스토레움 향, 나를 유혹하는 사람의 냄새.

유용한 Tip
올리브 퓨레의 맛이 나는 향을 원한다면 여기에 때죽나무와 백리향 레지노이드를 첨가할 수 있다.

● 자몽

원료: 스위트 오렌지 에센스, 류보픽스

조향사의 기대를 저버리는 것이 있다면 그것은 자몽이다. 자몽의 에센스에서는 막상 오렌지 향이 나기 때문이다. 다행스럽게도 조향사에게는 향수 애호가들을 충분히 만족시킬 수 있는 '기술'이라는 무기가 있다.

● 백합

원료: 벤질살리실산염, 페닐에틸알코올, 안트라닐산 메틸

"백합이 수태고지를 하다!" 15세기에 이탈리아의 거장들이 그린 회화들을 보면, 가브리엘 대천사가 곧 엄마가 될 마리아에게 백합을 내밀고 있다. 백합의 형태와 색에는 항상 상징적인 의미가 담겨 있다. 백합은 무언가의 '징후'를 동반하는 냄새다.

....
유용한 Tip
품종에 따라 리날롤, 인돌 혹은 게라니올을 첨가할 수 있다.

● 피스타치오

원료: 벤조익알데히드, 페닐아세트알데히드, 바닐린

피스타치오의 맛을 제대로 알려면 터키인이 되어야 한다. 이스탄불의 상인들은 길모퉁이 곳곳에다 장밋빛 피스타치오를 산더미처럼 쌓아 놓고 있다. 그것을 작은 피스타치오 콘으로 만들어 가판에 늘어놓고는 50 쿠루쉬에 판매한다.

● 사과

알록달록한 색이 느껴지는 사과향으로 가득한 바구니를 만들어 보자. 파란 사과의 원료는 푸루톤, 벤질 아세테이트, cis-3 헥산올이다.

유용한 Tip-1
노란 사과의 원료는 푸루톤, 헥실아세테이트, 벤질아세테이트이다.

유용한 Tip-2
빨간 사과의 원료는 푸루톤, 카프론산, 헥실아세테이트이다.

● 배

원료: 푸루톤, 헥실아세테이트, 장미 에센스

이번 금요일에는 시장 전체를 진동시키는 냄새가 나는 겨울 배와 진홍빛의 작은 배들이 가판에 진열될 것이다.

● 보리수

원료: 백합목, 언더카버톨

나는 아직 보리수나무의 꽃향기를 이용하는 법은 모른다. 그저 보리수의 어두운 그림자 아래서 슬며시 잠들 뿐.

감사의 말

제가 이 글을 쓸 수 있도록
격려해 주시고 또한
원고를 매만지는 모든 과정에
관여해 주셨으며, 심지어는
우정 어린 조언과 비판을
아끼지 않으셨던 모든 분들께
감사의 말씀을 드립니다.
특히 수잔나, 아넬리스 루,
줄리 가지에, 프랑수와 시몽,
마리 도미니끄 르리에브르,
올리비에 몽뛔이, 까트린 풀꼬니,
깡땡 베르뚜, 스떼판 와르니에 님께
더욱 깊이 감사드립니다.

참·고·문·헌

Calvino Italo, Pourquoi lire les classiques ?, traduit de l'italien par Jean-Paul Manganaro, Seuil, collection « La librairie du xxe siècle », Paris, 1984 et 1993

Camus Albert, L'Exil d'Hélène in Noces, suivi de L'Été, Gallimard, Paris, 1959

Cohen Albert, Belle du Seigneur, Gallimard, collection « Blanche », Paris, 1968

Collectif, Conversations avec Cézanne, Éditions Macula, Paris, 1978

Collectif, Haïku. Anthologie du poème court japonais, traduit du japonais par Corinne Atlan et Zéno Bianu, Gallimard, collection « Poésie/Gallimard », Paris, 2002

Collodi Carlo, Les Aventures de Pinocchio, traduit de l'italien par Isabel Violante, Flammarion, collection « GF bilingue », 2001

Dagen Philippe (propos recueillis par), « Soulages, peintre du noir : "La lumière est d'une richesse inimaginable" », Le Monde, 16 octobre 2009

Giono Jean, Arcadie ! Arcadie ! (1953) in Provence, Gallimard, collection « Blanche », Paris, 1993

Giono Jean, La Littérature in Les Trois Arbres de Palzem (1951-1965), Gallimard, collection « Blanche », Paris, 1984

Gogol Nicolas, Le Nez in Nouvelles de Pétersbourg, Le Journal d'un fou, Le Nez et autres nouvelles, traduit du russe par Gustave Aucouturier, Henri Mongault et Sylvie Luneau, Gallimard, collection « Folio classique », Paris, 1998

Jaquet Chantal, Philosophie de l'odorat, Presses universitaires de France, Paris, 2010

Jullien François, Conférence sur l'efficacité, Presses universitaires de France, collection « Libelles », Paris, 2005

Lévi-Strauss Claude, OEuvres, Gallimard, « Bibliothèque de la Pléiade », Paris, 2008

Margeon Gérard, Les 100 mots du vin, Presses universitaires de France, collection « Que sais-je ? », Paris, 2009

Murasaki Shikibu (attribué à), Le Dit du Genji, Magnificence-Impermanence, traduit du japonais par René Sieffert, Publications orientalistes de France, collection « Les OEuvres capitales de la littérature japonaise », 2 volumes, Aurillac, 2001

Roudnitska Edmond, L'Esthétique en question : introduction à une esthétique de l'odorat, Presses universitaires de France, Paris, 1977

Wilde Oscar, Le Portrait de Dorian Gray, traduit de l'anglais par Richard Crevier, Flammarion, collection « GF », Paris, 1995 et 2006

장 끌로드 엘레나와
에르메스 향수(HERMÈS PARFUMS)

에르메스 Hermès는 마구 장인이었던 띠에리 에르메스 Thierry Hermès가 1837년, 프랑스 파리에 작업장을 열면서 시작되었다.

에르메스 향수 컬렉션은 에드몽 루드니츠카가 1951년, 〈오 데르메스〉를 선보이면서 처음 시작되었다. 순수함과 재료의 미학을 가장 우선시하는 장 끌로드 엘레나가 에르메스의 전속 조향사로 합류한 2004년부터 에르메스 향수의 역사에 새로운 장이 열렸다. 엘레나의 자유로운 조향 방식은 뛰어난 장인 정신, 독창성, 참신함이라는 에르메스의 핵심 가치와 조화를 이룬다.

장 끌로드 엘레나는 2008년, 〈쟈르뎅 아프레 라무쏭〉이라는 이름의 향수를 만들었다. '몬순이 지나간 후의 정원'이라는 의미로, 뜨거운 태양으로 메마른 열기를 쏟아지는 비로 쫓아 버리는 인도의 갑작스러운 자연 변화를 표현한다. 〈쟈르뎅 아프레 라무쏭〉이 출시되었을 당시에 가졌던 한 인터뷰에서 엘레나는 이렇게 설명했다. "대홍수가 끝났습니다. 먹구름이 맑고 푸른 하늘에 그 자리를 내주고 있습니다. 운하는 거울처럼 반짝이고 숨이 차오르는 공기는 향수가 됩니다. 코로 그 공기를 흠뻑 들이마셔 봅니다. 널따란 정원의 냄새가 납니다. 나무가 다시 일어서고 잎은 다시 초록빛을 띱니다. 풀이 끝없이 흔들리고 어린 새싹이 돋아납니다. 생기 있고 깨끗하며 촉촉한 향이 다시 태어납니다. 바로 제가 병에 담아 온 기분이 좋아지는 정원입니다."

2011년, 엘레나의 코끝에서 나온 〈쟈르뎅 쉬르 르뜨와〉는 우리를 예상치 못한 장소로 데려갔다. '이 시대의 장인 contemporary artisan'이라는 에르메스의 연간 테마에 맞춰, 장 끌로드 엘레나를 에르메스의 심장인 포부르 쌩또노레 24번가의 옥상 정원으로 불러온 것이다. 엘레나는 이 옥상 정원에 대해 다음과 같이 말했다. "조향사의 작업 공간은 그 어디에도 없지만 동시에 모든 장소가 되기도 합니다. 이렇게 어느 날, 저는 멀리서만 찾고 있던 장소를 바로 눈앞에서 발견하게 된 것입니다. 제가 여러 번 왔던 곳이죠. 발걸음 사이로 풀잎과 촉촉한 땅의 냄새가 솟아나는 그 냄새를 음미하던 곳입니다."

아름다움을 추구하는 장 끌로드 엘레나와 에르메스는 향료에 대한 애정을 공유하고 있다. 엘레나는 이렇게 설명한다.
 "조향사인 저에게 향과 향수의 관계는 분석적이고 인위적이지만 또한 물리적이기도 합니다. 향을 소유하기 위해서는 향을 다루고, 혼합해야 하기 때문입니다. 향은 단어나 색상과 같아서 향수를 구성하는 재료로 저만의 향수를 탄생시키죠."

• 자료출처 : 에르메스 퍼퓸

옮긴이 신주영
프랑스 리옹 2대학에서 〈아니 에르노Annie Ernaux의 중성적 글쓰기〉로 현대불문학 석사 학위를 받았다. 바텍Vatech' 파리 주재원으로 근무한 바 있으며, 현재 프리랜서 번역가로서 활동 중이다.

나는 향수로 글을 쓴다
에르메스의 조향사 엘레나의 향수와 삶에 관한 생각

1판 1쇄 발행 _ 2015년 3월 27일   1판 6쇄 발행 _ 2022년 11월 19일
전자책 발행 _ 2016년 6월 27일

지은이 _ 장 끌로드 엘레나
옮긴이 _ 신주영

펴낸이 _ 이윤정
펴낸곳 _ 책, 세상을 굴리다
기획 _ 조청현
편집 _ 김지현, 박지훈, 김경석
표지 디자인 _ 한아름, 본문 디자인 _ 홍성호

출판등록 _ 제 251000-2013-000061호
주소 _ 152-842 서울특별시 구로구 공원로 3, 611 (구로동, 선경오피스텔)
대표전화 _ 02-861-0363, 0364
팩스 _ 02-861-0365
이메일 _ lingercorp13@gmail.com, lingercorp13@naver.com
블로그 _ http://blog.naver.com/lingercorp13

ISBN 979-11-951779-5-0 (03860)
e-ISBN 979-11-875453-01-7 (05860)
이 도서의 국립중앙도서관 출판예정도서목록(CIP)은 서지정보유통지원시스템 홈페이지(http://seoji.nl.go.kr)와 국가자료공동목록시스템(http://www.nl.go.kr/kolisnet)에서 이용하실 수 있습니다. (CIP 제어번호: 2015008590)

* 이 책의 저작권은 저자에게 있습니다. 서명에 의한 저자와 출판사의 허락 없이 내용의 전부혹은 일부를 인용하거나 발췌하는 것을 금합니다.
* 파본이나 잘못된 책은 구입처에서 바꿔 드립니다.